voor Guido

RICARDO REGAZZONI

Fuge und Variationen

BauhausDessau**Deutschland**
29 • april 29 • mai 2005

bauhaus
DESSAU

VORFÜHRUNG

Die Arbeiten von Ricardo Regazzoni sind im Wortsinn Entfaltungen von Präsenz. In strengen geometrisch-logischen Folgen falten sie Flächen als skulpturale Muster in vertikalen Folgen. Regazzoni übersetzt dabei das alte Thema der Säule in einem parallel zur architektonischen Realität laufendes künstlerisches Denken. Man könnte diese Säulen als architektonische Skulpturen, aber ebenso gut als skulpturale Architekturen beschreiben. Sie entziehen sich eindeutigen Festlegungen, denn sie interpretieren das Thema "Säule" einerseits in bildhaften und skulpturalen Formulierungen und andererseits sind sie analytische Architekturmodelle, die sich aber vor allem als autonome Denkmodelle wirken. Die archaische Bauform Säule wird hier im künstlerischen Diskurs auf sehr elementare Weise im Sinne möglicher räumlicher und Bedeutungs-Dimensionen interpretiert und medialisiert. Dabei werden zahlreiche Assoziationen aufgerufen.

Die Konsequenz mit der jede seiner Skulpturen die regelmäßig verwinkelten Formen in den Raum schreiben erinnert zunächst auch an experimentelle konstruktive Entwurfsübungen, wie sie zum Beispiel aus dem Bauhaus der 1920er Jahre von Josef Albers oder Max Bill bekannt sind. Gleichwohl verweigern sich Regazzonis säulenartige Konstruktionen jeder Vorläufigkeit. Indem sie die Dynamisierung der Form durch plastische Geometrie mit glänzenden Oberflächen verbinden erzeugen sie fast magische Wirkungen mit theatralischen Effekten, die auch die religiöse Dimension der Säule als ein Jahrtausende altes Glaubenszeichen berührt. Die meist golden glänzenden Oberflächen, die das Umgebungslicht aufnehmen und schillernd

PRESENTACIÓN

Los trabajos de Ricardo Regazzoni son despliegues de presencia en el sentido mismo de la palabra.

Las superficies se pliegan en estrictas sucesiones lógico-geométricas como si fueran patrones escultóricos en secuencias verticales. Regazzoni traduce así, el ancestral tema de la columna en una reflexión artística paralela a la realidad arquitectónica. Bien se podrían describir éstas columnas como esculturas arquitectónicas pero también como arquitectura escultórica. Evade a una definición clara, dado que interpreta el tema columna por un lado en formulaciones imaginativas y escultóricas, y por otro en modelos arquitectónicos analíticos, que funcionan sobre todo como modelos racionales autónomos.

La forma arcaica de la columna se interpreta y mediatiza en un discurso artístico de una manera muy clara en el sentido de posibles dimensiones espaciales y de contenido que despierta múltiples asociaciones.

La consecuencia con que cada una de sus esculturas dibuja volúmenes continuamente poliédricos en el espacio, recuerda los ejercicios constructivos experimentales de Josef Albers o Max Bill en el Bauhaus de los años 20. Sin embargo, las construcciones de tipo columna, de Regazzoni, niegan cualquier semejanza, uniendo la dinamización de la forma con la geometría plástica de superficies brillantes. Se producen impresiones casi mágicas con efectos teatrales que también trasmiten la dimensión religiosa de la columna como un símbolo de creencia milenaria. Las superficies casi siempre reluciendo en oro reflejan de manera vibrante la luz del entorno eliminando el peso inmediato del

INTRODUCTION

Ricardo Regazzoni's works may be likened to displays of presence. In strict geometrical-logical progression, they fold surfaces as sculptural patterns into vertical sequences. In so doing, Regazzoni translates the hardly new subject of columns into constant artistic thought, running parallel to architectonic reality. One could describe these pillars as architectonic sculptures, but just as easily as sculptural architecture. They reject any unambiguous description, since they interpret the theme of "column" in graphic and sculptural formulations on the one hand, and yet are analytical architectural models on the other. Yet which act above all as autonomous models of thought. Thus, the archaic pillar form is interpreted and medialized by way of artistic discussion in a very elementary fashion, in the sense of possible dimensions of space and meaning. This leads to any number of associations.

The consistency with which each of his sculptures projects the uniformly angled shapes into their surrounding space is initially reminiscent of experimentally constructive conceptual designs, as seen, for example, at the Bauhaus during the 1920s in the works of Josef Albers or Max Bill. At the same time, however, Regazzoni's columnar constructions oppose any comparison with forerunners. By making use of plastic geometry to connect dynamic shapes with shiny surfaces, they create an almost magic, theatrical effect, touching on the religious dimension of the column as a millennium-old symbol of faith. The mainly golden surfaces, which catch and enigmatically reflect the surrounding light, raise the objects above the direct weight of the

Omar Akbar
Direktor
Bauhaus Dessau

reflektieren entheben die Objekte auf von der unmittelbaren Schwere des Materials in eine besondere Sphäre der Würde und Ernsthaftigkeit, die Erinnerungen an barocke christliche Triumphsäulen–vielleicht aus der Zeit der Gegenreformation und der spanischen Kolonialisierung–auslöst. Andererseits deuten die aus gezackten Linien geflochtenen Figuren auf Verwandtschaften zu den gemusterten Formen alter lateinamerikanischer Kulturen hin. Für den Mexikaner Ricardo Regazzoni sind dies sicher wichtige Reminiszenzen. Es liegt nahe, seine Säulenvariationen als analytische Modelle anzunehmen, in denen Entwicklungslinien der christlichen wie der lateinamerikanischen Kunstgeschichte ebenso wie Entwurfshaltungen aus der Kunst der Moderne verarbeitet und neu ausdifferenziert werden. Die immer wieder variierten Aufbauprinzipien der Säulen von Ricardo Regazzoni thematisieren und behaupten sich als geistige Positionierungen. So gesehen sind diese Arbeiten auch elementare Manifestationen eines Weltverhältnisses in dem Raum als fragile Konstruktion, die bestimmt und transzendiert werden will. So wie zu jeder Zahl noch eine weitere Einheit hinzufügt werden kann, ohne jemals die Möglichkeit des Weiterzählens zu erschöpfen, so reiht sich in vielen Objekten Regazzonis potentiell Element an Element, und erinnert so, auch in Bezug auf Constantin Brancusis "Unendliche Säule" von 1918, eine mathematisch-modellhaft gedachte Unendlichkeit. Im Unterschied zu Brancusi, der sich in der "Unendlichen Säule" von 1918 auf reproduzierbare, stereometrische Grundelemente beschränkt hätte, um das Wechselspiel von Materie und Leere als Prinzip der Skulptur im Raum zu visualisieren, zeichnen sich Ricardo Regazzonis Säulen aber durch eine besondere physische Präsenz aus, die mitunter auch durch eine Säulenbasis formuliert wird. Es geht Regazzoni eben nicht nur um die abstrakte Radikalität eines Konzepts, sondern wesentlich um Raumkonzepte als anwesende Atmosphären.

Die Strenge der entwickelten Formenkonstellationen, trägt dies und erzeugt eine immense Konzentration des Ausdrucks in der das uralte, von der Moderne meist verdrängte,

material y elevando los objetos a una esfera especial de dignidad y profundidad, que recuerdan las Columnas de Triunfo del Cristianismo Barroco, quizá de la época de la Contrarreforma y de la Colonización Española. Por otra parte, las figuras en aristas trenzadas se asemejan a las formas y figuras de las antiguas culturas latinoamericanas. Seguramente, para el mexicano Ricardo Regazzoni éstas son importantes reminiscencias.

Son entendidas las variaciones de columnas como modelos analíticos, en las que nuevamente se diferencian y elaboran líneas de desarrollo de la historia del Arte del Cristianismo y América Latina por un lado, y el diseño del arte moderno por el otro.

Los siempre variados principios constructivos en las columnas de Ricardo Regazzoni, se tematizan y posicionan espiritualmente, visto así, éstas obras son manifestaciones precisas de una interpretación del mundo, en el cual el espacio se percibe como una construcción frágil, que se determina y trasciende. De la misma manera que a cada número se le puede agregar otro sin agotarse jamás, así se suman en los objetos de Regazzoni, elemento a elemento, y semejan como en la "Columna Sin Fín" de Constantin Brancusi de 1918 un modelo matemático infinito. Pero a diferencia de Brancusi, quien en la "Columna Sin Fín", se limita a elementos básicos reproducibles y estereométricos, para visualizar el cambiante juego entre materia y vacío como principio de la escultura en el espacio, las columnas de Ricardo Regazzoni se distinguen por una extraordinaria presencia física, manifestándose en ocasiones a través del basamento de la columna. A Regazzoni no sólo le importa la abstracta radicalidad de un concepto, sino sustancialmente el concepto del espacio como una atmósfera presente.

Respaldado por el rigor en las constelaciones de las formas desarrolladas, produce una inmensa y concentrada expresión del tema arcaico de la columna, muchas veces suprimido por la modernidad, qué, precisamente a través de los principios constructivos se une a ésta misma modernidad.

material itself, to a special sphere of dignity and seriousness. This is reminiscent of the baroque, Christian columns of triumph– possibly from the period of the Counter-Reformation and Spanish colonization. On the other hand, these figures woven from jagged lines suggest an alliance with the patterned shapes found in ancient Latin-American cultures. These are no doubt important recollections for Ricardo Regazzoni, as a Mexican. It seems obvious to accept his pillar variations as analytical models, in which lines of progression extending from both the Christian and Latin-American history of art may be processed and differentiated anew, just as much as attitudes to design from modern art. The repeatedly varied construction principles in Ricardo Regazzoni's columns focus on and assert themselves as mental positionings. Viewed in this way, the works are also elementary manifestations of a relationship to the world, as a fragile construction that wants to be defined and transcended. Just as one number can be added to another without ever exhausting the counting possibilities, in many of Regazzoni's objets the elements are added to one another in a potential manner, reminding us of Constantin Brancusi's "Endless Column" from 1918, a mathematical paradigm of imagined infinity. Yet, as opposed to Brancusi, who limited himself in his "Endless Column" to reproducible, stereometric basic elements so as to visualize the interplay of materials and emptiness as a principle of sculpture in space, Ricardo Regazzoni's columns are characterized by a special physical presence, which is occasionally formulated by a plinth. Therefore, Regazzoni is not only concerned with the abstract radicalism of a concept, but rather with concepts of space as present atmospheres.

The severity of these shaped constellations conveys just this and creates an immense concentration of expression in which the columns' ancient motif, mainly suppressed by modernists, unites with their very same constructive principles. In this sense, Regazzoni's shining works are also con-

Motiv der Säule mit konstruktiven Prinzipien eben jener Moderne zusammengehen. In diesem Sinne sind Regazzonis glänzende Arbeiten immer auch Zeugnisse einer sich im Vergangenen spiegelnden Moderne. Sie nehmen sowohl zur klassischen skulpturalen Praxis, wie auch zur modernistischen Figuration und deren Wahrnehmungs-und Gestaltforschung ein Metaverhältnis ein. Nicht zuletzt vor diesem Hintergrund ist die Ausstellung der Skulpturen von Ricardo Regazzoni im Kontext des Bauhauses und in einem ehemaligen Wohnatelier eines Bauhaus-Meisters besonders an diesem Ort ein interessanter und anregender Beitrag, in einem Dialog mit der Moderne, der auch deren Aktualisierung bedeutet.

En este sentido los reflejos del luminoso trabajo de Regazzoni son también testimonio del reflejo del pasado en lo moderno.

Toman una meta-relación, tanto con la práctica clásica escultórica como con la figuración modernista y su exploración de la percepción y la forma.

No por último, con este trasfondo, la exposición de las esculturas de Ricardo Regazzoni, en el contexto del Bauhaus, y ubicado en un antiguo estudio de un maestro del Bauhaus, significa especialmente en éste sitio, una aportación interesante e inspiradora, que dialoga con lo moderno, implicando también su propia actualización.

stant testimonies to a modernity reflected in the past. They enter into a meta-relationship with both classical sculptural practice, as well as with modernistic figuration and the related research into perception and form. Not least due to this context is the exhibition of sculptures by Ricardo Regazzoni at the Bauhaus in particular, and in a former studio of one of the Bauhaus masters, an interesting and stimulating contribution, in a dialog with modernity, which also includes updating it.

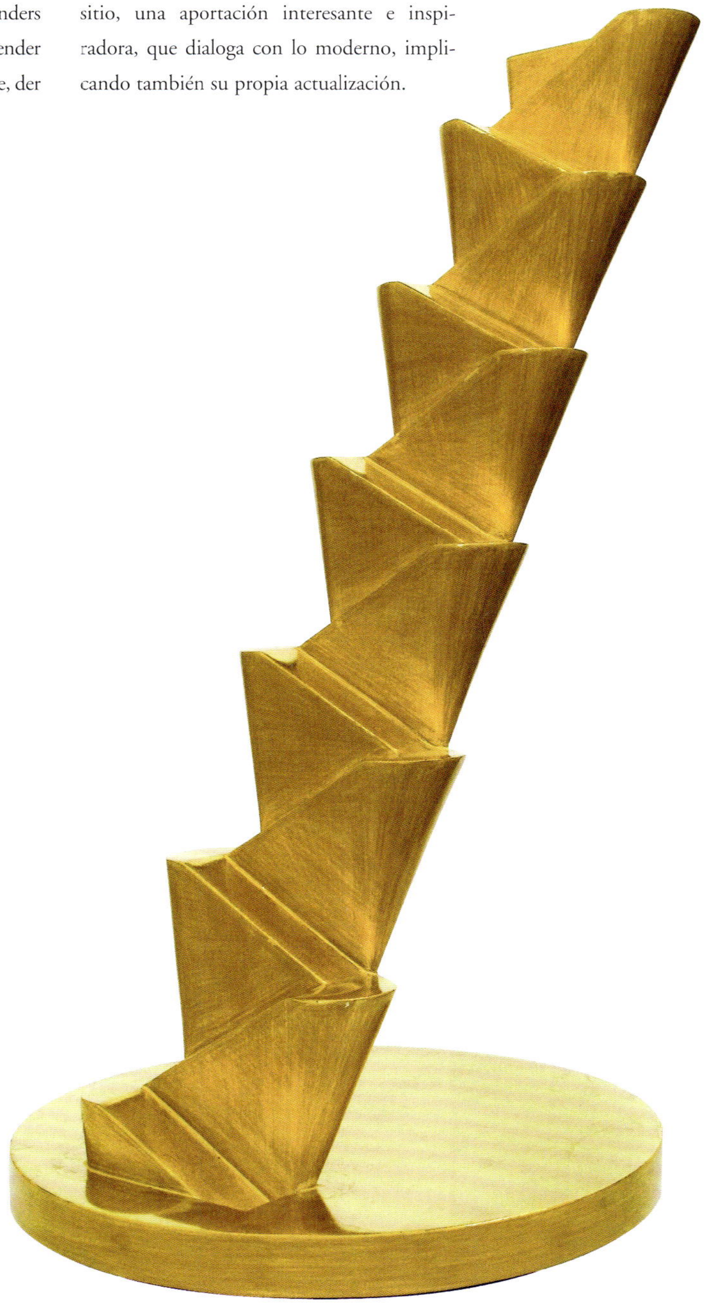

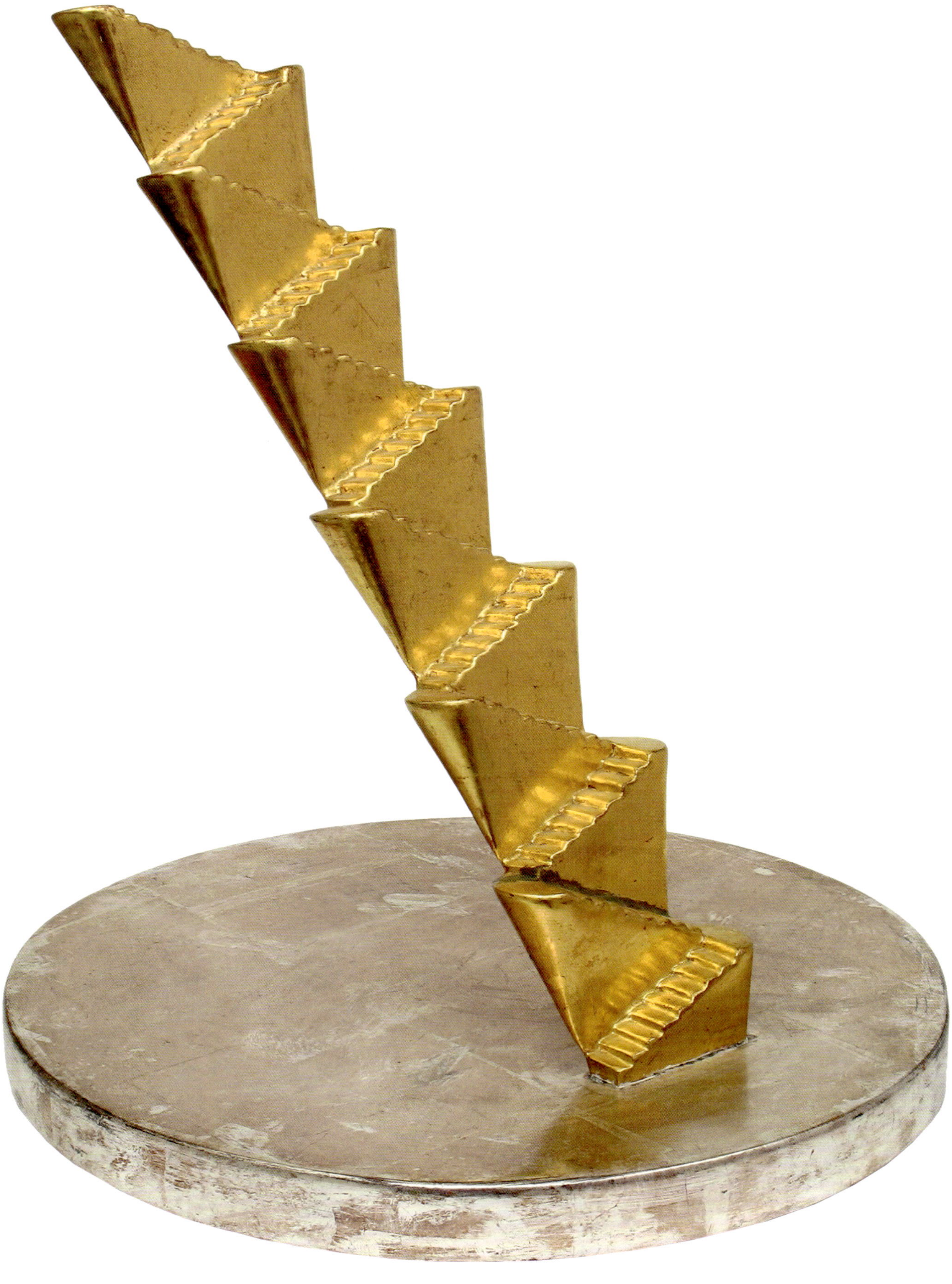

ÜBER DIE UNENDLICHE WIDERSPIEGELUNG DER GEOMETRIE

"... der einst gen Himmel steigen wird als kristalienes... Sinnbild eines neuen kommenden Glaubens."[1]

Humberto Ricalde
Architekt

WENN MAN ANGESICHTS DIESER SCHIMMERNDEN, im Spiel der wechselnden Reflexe, die das Licht und unsere Bewegungen auf ihnen hervorrufen, fast transparenten Skulpturen, an die letzten Sätze aus dem *Programm des Staatlichen Bauhauses in Weimar* denkt, dann ist dieser Bezug nicht bindend, sondern es soll damit an die große Bedeutung erinnert werden, die der deutsche Expressionismus für die Entwicklung der Kunst und Architektur des zwanzigsten Jahrhunderts hatte, und es sollen zugleich die Verbindungen aufgezeigt werden, die uns zu den Werken von Ricardo Regazzoni führen, die heute ausgestellt sind in diesen Räumen, die einst die Meisterhäuser des Bauhauses hier in Dessau waren.

Regazzonis Werke haben vielfältige Wurzeln, und eben diese unterschiedliche Abstammung bewirkt das Mitschwingen mit den Räumen, in denen sie aufgestellt werden. Wenn wir ihren Ursprung erforschen, dann tauchen prähispanische Wurzeln auf mit ihrem ausdrucksvollen Spiel von geometrischen Formen, wie jene die im Licht Mexikos das ockerfarbene Gestein von Mitla in Oaxaca oder von Tajín in Veracruz vibrieren lassen.

Und natürlich wird, auf der Patina von altem Gold, auch das Licht erscheinen, das auf den Altären von Mexiko und Spanien ein unendlich strahlendes Spiel hervorruft, ein polyphones Licht, das in sichtbaren Wirbeln aus den verwobenen Spiralen im Säulenschaft der barocken Pilaster hervorgeht, ganz ähnlich den verflochtenen Geometrien, die

1 Walter Gropius: Programm des Staatlichen Bauhauses in Weimar, Braunschweig 1981, 47.

DE INFINITA REVERBERACIÓN GEOMÉTRICA

"...que se levantarán un día hacia el cielo... como cristalinos símbolos de una nueva fe"[1]

VER ESTAS ESCULTURAS RUTILANTES, CASI transparentes, en el juego de los cambiantes reflejos que la luz y nuestro movimiento provoca en ellas y recordar las frases con las que concluye el *Programm des Staatlichen Bauhauses in Weimar*, no es obligar la referencia sino, por el contrario, constatar la amplia resonancia que el Expresionismo Alemán tuvo en el desarrollo del arte y la arquitectura del siglo XX y a la vez urdir los nexos que nos llevan hasta estas piezas de Ricardo Regazzoni; hoy acunadas en los espacios, otra vez prístinos, de la Casa para Maestros de la Bauhaus, aquí en Dessau.

Porque las raíces de las piezas de Regazzoni son múltiples y es su variada ascendencia la que las pone a resonar con los espacios donde se instalan. Si indagamos en su genealogía aparecerán raigambres prehispánicas en su expresivo juego de geometrías, en tenso entrelazamiento, como las que hacen vibrar a la piedra ocre bajo la luz de Mitla en Oaxaca o de Tajín en Veracruz, México.

Y desde luego aparecerá, sobre pátinas de oros viejos, la luz que, en ecos infinitos, juega reverberante en los altares de México y España; una luz polifónica que, en remolinos visuales, asciende por las entrelazadas espirales en los fustes de los estípites barrocos, primos hermanos de estos otros fustes, de tejidas geometrías, que son las columnas, en series armónicas, de nuestro autor.

En las torsiones, que estas piezas presentan al ascender, hay también mucho de los comportamientos turbulentos de la naturaleza, podríamos pensar al verlas en los vórtices

1 Walter Gropius: Programm des Staatlichen Bauhauses in Weimar, Braunschweig 1981, 47.

OF INFINITE GEOMETRIC REVERBERATION

"...one day they shall rise to the heavens... like crystalline symbols of a new faith."[1]

TO SEE THESE RESPLENDENT SCULPTURES, almost transparent, in the play of shimmering reflections that the light and our movement provoke on them, and to recall the words with which the *Programm des Staatlichen Bauhauses in Weimar* concluded–not to force the reference, but to state the fact–"German Expressionism had a far-reaching and profound effect on the art and architecture of the 20th century". Moreover, this factor serves as a vital link in viewing these works of Ricardo Regazzoni, today cradled in the spaces–once more, pristine–of the Building that housed the Masters of the Bauhaus here in Dessau.

Because the roots of Regazzoni's pieces are multiple, they resonate in the spaces where they are installed, as a consequence of their ascendency. If we delve into their genealogy, pre-Hispanic substratums will appear in their expressive mix of geometries, in intense interplay, like those that make the ocher stones vibrate under the light of Mitla in Oaxaca or of Tajín in Veracruz. And, indubitably, the light that reverberates in infinite echoes from burnished patinas of gold leaf, which glow from the altars of centuries-old churches throughout México and Spain, could have impacted these sculptures as well. The light is polyphonic and moves in virtual vortexes as it ascends and cascades along intertwined scrolls carved into the shafts of baroque pilasters–first cousins of these other columns of geometric plait, which have been created by Regazzoni as a harmonic series.

In the torsions that these pieces present as they ascend, there is much of the turbulent

1 Walter Gropius: Programm des Staatlichen Bauhauses in Weimar, Braunschweig 1981, 47.

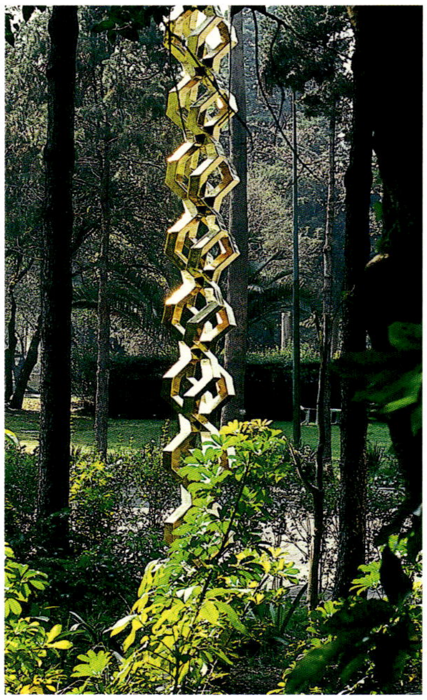

wir in den harmonischen Serien der Säulen unseres Künstlers wiederfinden.

In den Torsionen, die diese Werke in ihrer Aufwärtsbewegung zeigen, findet sich auch viel von dem bewegten Verhalten der Natur, so will es uns scheinen, wenn wir in ihnen die dynamischen Wirbel der Tornados sehen, die im Oktober über die trockenen Ebenen fegen und dabei die goldfarbene Schlacke aus Blättern und verbrannter Erde mit sich reißen; eine gefügige Materie in geometrischen Wirbeln und verwirrenden Spiralen, in der der Wind oder die Lava ihren Abdruck hinterlassen haben, aufsteigende Säulen, in denen als spannende Gegenüberstellung auch die organische Geometrie der mexikanischen Kakteen präsent ist.

Aber die Kraft dieser Säulen, Erinnerungen zu wecken, setzt sich fort; eine Fülle von Adjektiven brauchte man, um die ultrabarocken Farbtöne in ihren vielschichtigen Facetten zu definieren. Vielleicht wären Schriftsteller wie Lezama Lima oder Carpentier fähig, sie mit schneller Feder in flüchtiger Anspielung festzuhalten, denn in der ein oder anderen Windung ihrer spiralartigen Erinnerungen nähern sich die Säulen den sublimsten ornamentalen Mustern von mozarabischen Mosaiken, bei denen, wie man weiß, jede geometrische Drehung eine weitere Lobpreisung des Göttlichen ist.

Mystisch oder profan, traditionell oder avantgardistisch, natürlich oder geometrisch, von nüchterner Klarheit oder trunkener Geometrie, treten sie bei der geringsten Veränderung in der Atmosphäre, die sie umgibt und in Schwingung versetzt,

dinámicos de los tornados que recorren las planicies secas en otoño, arrastrando consigo la escoria dorada de hojas y tierras quemadas; dúctil materia en remolinos geométricos e intrincadas espirales, en las que el viento o la lava han dejado su impronta; fustes ascendentes donde, en intrigante contraposición, la geometría orgánica de las cactáceas también está presente.

Pero la fuerza evocadora de estas columnas no puede detenerse, sería necesaria una adjetivación de tintes ultrabarrocos para definirlas en sus fugas multifacéticas, quizá Lezama Lima o Carpentier serían más idóneos para alcanzarlas, a vuela pluma, en sus huidizas sugerencias; porque entre una y otra vuelta de tuerca a sus memorias espirales se acercan al más exquisito entreveramiento de los mosaicos mozárabes donde, como sabemos, cada giro geométrico es otra alabanza a la divinidad.

Místicas o profanas, tradicionalistas o de vanguardia, naturales o geométricas, de sobria pureza o ebria geometría, interactúan entre ellas al más mínimo cambio en la atmósfera que las circunda y la hacen vibrar; conducen la luz y las sombras por todas sus aristas hasta los más recónditos rincones de sus poliédricas superficies e inmóviles siguen danzando infatigables bajo la luz.

A veces son de plata obscura zajadas a tajos inclementes por las sombras, ascienden sincopadas por sus quebradas armonías disueltas en su propia materia sólida y sin embargo si las observamos a contraritmo en su frenético movimiento comienzan a develar, a ojos vistas, sus secretos: tienen matriz

behavior of the forces of nature. In our mind's eye we see them whirling inside the twisting funnels of tornados that sweep through the dry plains of autumn, dragging with them the gilded scum of leaves and burnt earth. Left in their wake is the ductile material, in geometric eddies, and a clutter of spirals in which the wind or the lava has left its imprint. In an intriguing counterposition, these ascending columns also bring to mind the organic geometry expressed in Cactaceae–and, especially, that of the Saguaro.

But the dynamism these columns evoke cannot be contained. It would require an adjectivation of ultrabaroque hues to define them in multifaceted fugues. Perhaps Lezama Lima or Carpentier would be ideal to meet the challenge–that is, to write without stopping to think in elusive intimations. In one turn of phrase or another of their helical memories, they approach the most exquisite intermingling of words, which can only be compared to a Mosarabic tile, whose every geometric turn, as we know, signifies another form to praise Allah.

Mystic or profane, traditionalist or geometric, of sedate purity or inebriated geometry, these sculptures interact to the slightest change in the atmosphere that surrounds them, and they vibrate, they project light and shadow from every edge and angle into the most remote corners of their polyhedral surfaces and, motionless, continue dancing under the light. At times, it involves an array of severe slashes of dark silver in deep shadow, where syncopatedly they ascend in

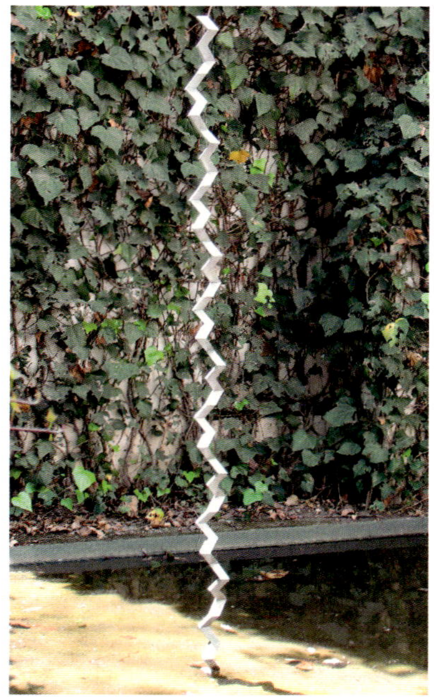

miteinander in Beziehung; sie leiten das Licht und die Schatten über all ihre Grannen bis in die verborgensten Winkel ihrer polyedrischen Oberflächen, und, obwohl selbst unbeweglich, hören sie dennoch nicht auf, im Schein des Lichts zu tanzen.

Manchmal sind sie aus dunklem Silber; von den Schatten mit unbarmherzigen Schnitten versehen, steigen sie empor, rhythmisch verschoben durch ihre gebrochenen Harmonien, aufgelöst in ihrer eigenen festen Materie. Und doch beginnen sie, wenn wir sie im Gegenrhythmus in ihrer frenetischen Bewegung beobachten, ganz offensichtlich ihre Geheimnisse zu enthüllen: sie haben ein fortlaufendes Schema, wie die Toccaten und Fugen von Bach; ihre Ursprungszelle ist fast immer eine der platonischen Grundfiguren (Quadrat, Dreieck, Kreis), aus denen die einzelnen Abschnitte erwachsen, die durch Hinzufügen vervielfältigt werden und denen Regazzoni nach geduldigem und wiederholtem Nachdenken über Geometrie Spiralbewegungen hinzufügt, in rhythmischen Windungen, bewegten Wirbeln, um dann die Säulen in den Raum zu stellen und ihnen ihre Berufung zur Bewegung zu vermitteln. Sie sind, mit einer Metapher aus der Biologie gesagt, geometrische Spirochäten, bereit, sich mit den eigenen Reflexen zu befruchten, sich zu vervielfältigen, bis sie den ganzen Raum um sich herum in Besitz genommen haben und sich auszubreiten für alle Zeit.

Das deutlichste Beispiel für den beschriebenen Entstehungsprozess sind die bronzenen Säulen der Serie "COLUMNAS", die so konzipiert sind, dass die Vervielfältigung des

serial, como aquellas tocatas y fugas de Bach; su embrión es, en casi todos los casos, una de las figuras platónicas básicas (cuadrado, triángulo, círculo), de ellas nacen sus secciones que se multiplican por agregación y a las que el paciente y reflexivo pensamiento geométrico de Regazzoni agrega movimientos en espiral, en ondulaciones rítmicas, en vórtices turbulentos, para ponerlas en el espacio y contagiarles su vocación de movimiento. Son, por decirlo con una metáfora biológica, espiroquetas geométricas prontas a fecundarse con sus propios reflejos, a multiplicarse hasta posesionarse de todo el espacio que las rodea y fugarse hacia todos los tiempos.

El ejemplo más claro de dicho proceso de gestación es la serie "COLUMNAS" en bronce, en cuya concepción la multiplicación del poliedro que rige las secciones de las piezas (en un total de 36) avanza dando tres, cuatro, seis y ocho vueltas a las figuras básicas arriba mencionadas, para después hacerlas rotar en el espacio con entrelazamientos igualmente regidos por dichos números; esta voluntad de forma y movimiento, de matriz geométrica rigurosa, es palpable desde los modelos en cartulina realizados por el autor como guía para su fundición.

En contraste con el peso y la solidez de la serie "COLUMNAS" encontramos la levedad volumétrica de la más alta pareja escultórica que forman las dos siluetas zigzagueantes en acero, aquí el pensamiento estereométrico de Regazzoni pone en entredicho el mismo concepto tradicional de escultura y desafía la expresión de sus otras piezas, al remitir el cuerpo de esta escultura al espacio vacío,

their broken harmonies, dissolved in their own solid material. And yet, if we observe them in counterrhythm in their frenetic movement, they clearly commence to unveil their secrets: they have their matrix, like the toccatas and fugues of Bach; in almost every case, their embryo is one of the basic platonic figures–the square, the triangle or the circle; from these are born the sections that multiply by addition and attachment, and to which the patient and reflexive geometric mind of Regazzoni adds movement. This is accomplished through spirals, rhythmic waves and turbulent vortexes, in order to place them in a space where the vocation of movement can be transmitted to them. To put this in a biological metaphor, they become geometric spirochetes ready to be inseminated with their own reflexes, to multiply until they possess all the space that surrounds them, and escape into time immemorial.

The clearest example of this process of gestation is "COLUMNS", a series in bronze. In its conception, the multiplication of the polyhedron, which regulates the sections of the pieces–36, in all–advances, making three, four, six and eight turns around the basic figures previously cited. Subsequently, they are made to rotate in space and to intertwine, regulating their turns to the same number of turns mentioned above. This disposition of form and movement, of rigorous geometric matrix, is made patently clear in the bristolboard models, made by Regazzoni, as a guide to casting them in bronze.

In contrast with the weight and solidity of the "COLUMNS" series, we encounter the

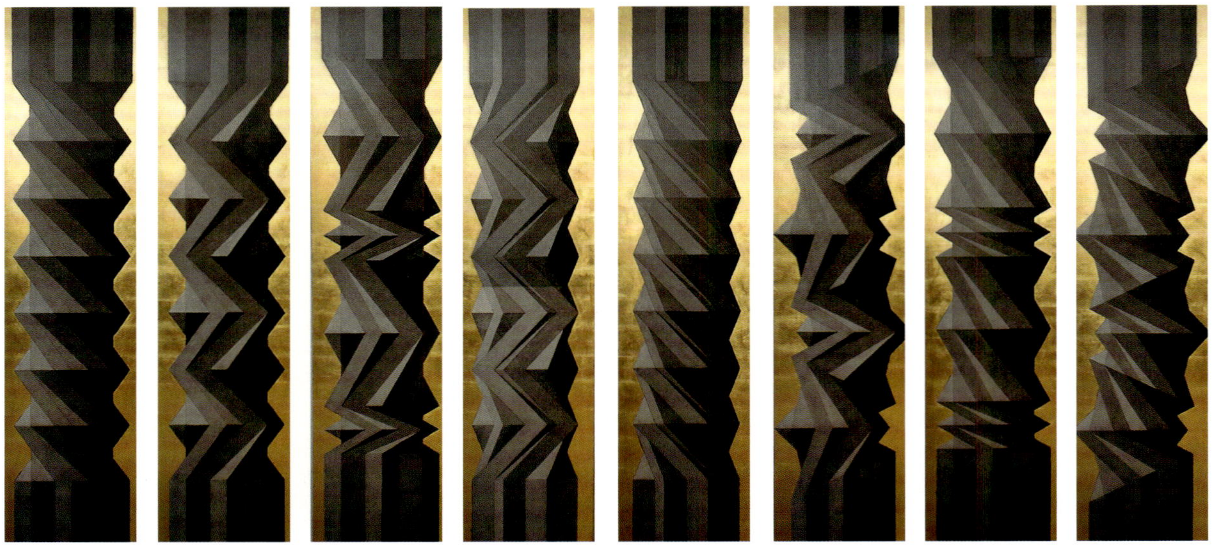

Polyeders, von dem die einzelnen Abschnitte der Werke (insgesamt sind es 36) bestimmt werden, sich fortsetzt, indem die oben erwähnten Grundfiguren drei, vier, sechs und achtfache Windungen erhalten, damit sie sich dann gemäß der Anzahl ihrer Verflechtungen im Raum drehen können. Von Beginn an, von den ersten, aus Pappe gefertigten Modellen, mit denen der Künstler auf den endgültigen Guss hinarbeitet, kann man diesen Willen zur Form und Bewegung fühlen, der seinen Ursprung in einer strengen geometrischen Gesetzmäßigkeit hat.

Im Gegensatz zum Gewicht und zur Standfestigkeit der Serie "COLUMNAS" können wir in der höchsten Stahlskulptur, einem Paar von zwei Zickzacksilhouetten, raumgreifende Leichtigkeit finden. Regazzonis Überlegungen zur Stereometrie ziehen hier gar das traditionelle Konzept der Bildhauerkunst in Zweifel und stellen sich gegen seine anderen Stücke, wenn er diesen skulpturalen Körper dem leeren, aber doch dichtem Raum aussetzt, der sich offenbart in der tänzerischen Aufstiegsbewegung der beiden metallenen Bänder, die den Zwischenraum sichtbar machen, als ob es sich um eine verdichtete Leere oder einen umgekehrten Raum handele.

Heiter und leicht in seiner ätherischen Bewegung kontrastiert das soeben beschriebene Skulpturenpaar mit der Explosion von Silber und Gold bei dem Quintett von großen Säulen, die von wahren geometrischen Blumenmotiven durchwirkt und verflochten sind, in denen der polyedrische Stamm die Verzweigungen aus Licht unter-

pero sólido, que se corporeiza en la ascensión danzante de estos dos bordes metálicos que evidencian el intersticio entre ellos, como si de un vacío sólido o de un espacio inverso se tratara.

Serena y leve, dentro de su movimiento etéreo, la pareja escultórica arriba comentada contrasta a su vez con las explosiones, en platas y dorados del quinteto de grandes columnas tejidas y rematadas con verdaderas infloraciones geométricas, en ellas sus troncos poliédricos sostienen ramificaciones de luz que las hacen estallar, cual árboles tectónicos, en sus capiteles entramados; juntas sugieren la dimensión arquitectónica de la que son descendientes y a la que propenden; son un pórtico arcaico y a la vez vanguardista, apto para enmarcar el ara votiva de un templo sin tiempo; llegan del Nilo, pasan por Mikonos, forman parte de un claustro románico, de un altar inca y están aquí, en Dessau, en la cuna de una de las vanguardias del siglo XX.

Están como en su casa, en esta casa que albergó otras reflexiones sobre la geometría y sus comportamientos constructivo-espaciales; cuando Albers, Moholy Nagy, Klee y Kandinsky discutían en tanto preparaban sus cursos preliminares o de dibujo analítico, distinguidos antecesores didácticos de estas piezas que ponen en resonancia tantas y tan variadas ascendencias.

volumetric lightness of the tallest pair of sculptures in the exhibit. Formed by the two zigzagging silhouettes, here Regazzoni's stereometric conception contradicts the same traditional concept of sculpture and, at the same time, challenges the expression of his other pieces. By leaving the bulk of these two sculptures in empty, but solid space, the idea of a dancing ascendency of the metallic edges of these two sculptures is strengthened, making the gap between them evident, as if a solid or inverse space were a part of the sculptures themselves.

Serene and airy within their ethereal movement, the sculptured pair mentioned above contrast sharply with the explosions of silver and gold leaf on the surfaces of the great "COLUMN" quintet. Contrived and finished off with factual geometric inflorations, their polyhedral trunks sustain ramifications of light that make them suddenly burst open. Some tectonic trees lodged in the framework of their capitals, together, suggest the architectural dimension of what they descend from, as well as what their traits are. They are an archaic colonnade and, at the same time, are avant-garde, suitable for framing the votive altar of a timeless temple. They come from the Nile, have passed through Mikonos and formed part of a Romanesque monastery, of an Incan altar, and now, have come to Dessau, to the cradle of one of the vanguards of the twentieth century.

Here, they are at home in this building that became a lodging for reflection and meditation on geometry, and its constructive and spatial behavior. Albers, Moholy, Nagy,

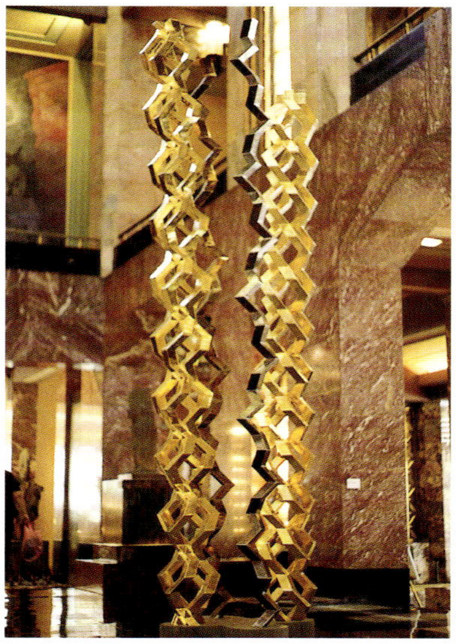
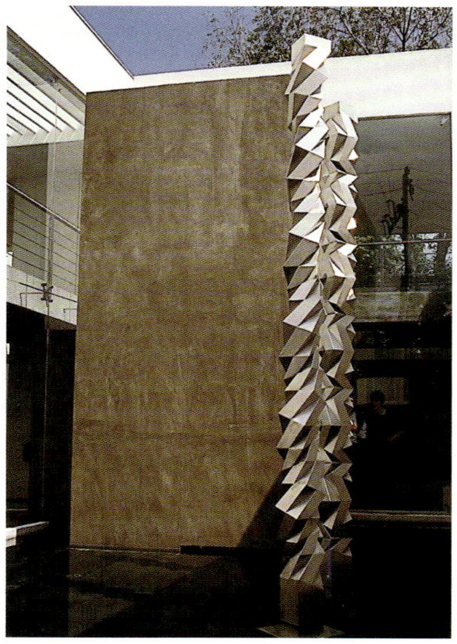
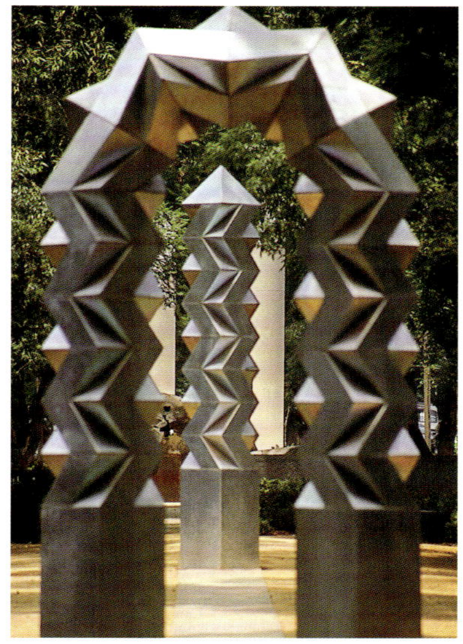

stützt, die die Säulen, tektonischen Bäumen gleich, im Fachwerk der Kapitelle aufspringen lässt. Gemeinsam verweisen sie auf die architektonische Dimension, die sie hervorgebracht hat und der sie angehören; sie sind ein archaischer Säulengang und zugleich sind sie Avantgarde, geeignet, den Votivaltar eines zeitlosen Tempels zu umranden; sie kommen vom Nil, ziehen an Mykonos vorbei, sind Teil eines romanischen Kreuzgangs, eines Altars der Inkazeit, und nun sind sie hier, in Dessau, der Wiege einer der Avantgardebewegungen des 20. Jahrhunderts.

Hier sind sie wie zu Hause, in diesem Haus, wo einst in anderer Weise über Geometrie und ihre räumlich-konstruktiven Bedingungen reflektiert wurde, damals als Albers, Moholy Nagy, Klee und Kandinsky in langen Diskussionen ihre Einführungskurse oder Kurse in analytischem Zeichnen vorbereiteten, sie, die ehrwürdigen Vorfahren und Lehrmeister der hier ausgestellten Werke, in denen so viele und so unterschiedliche Abstammungen anklingen.

(Übersetzung: Veronica Beucker)

Klee and Kandinsky discussed and argued over different viewpoints while preparing their preliminary courses or analytical drawing classes–distinguished didactic predecessors of these pieces that set in resonance so many, and such varied, ascendencys.

(Translation: Norman Glass)

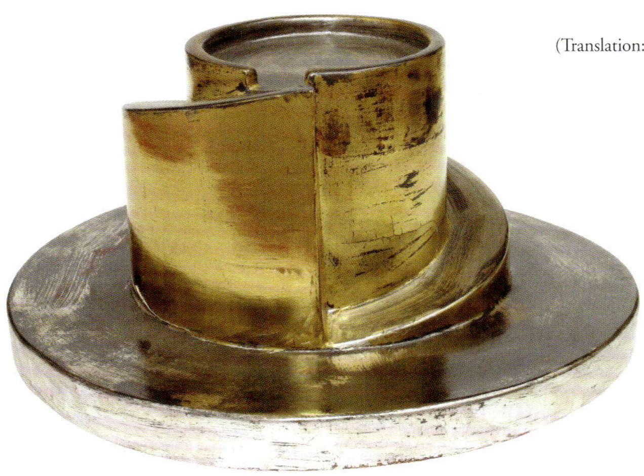

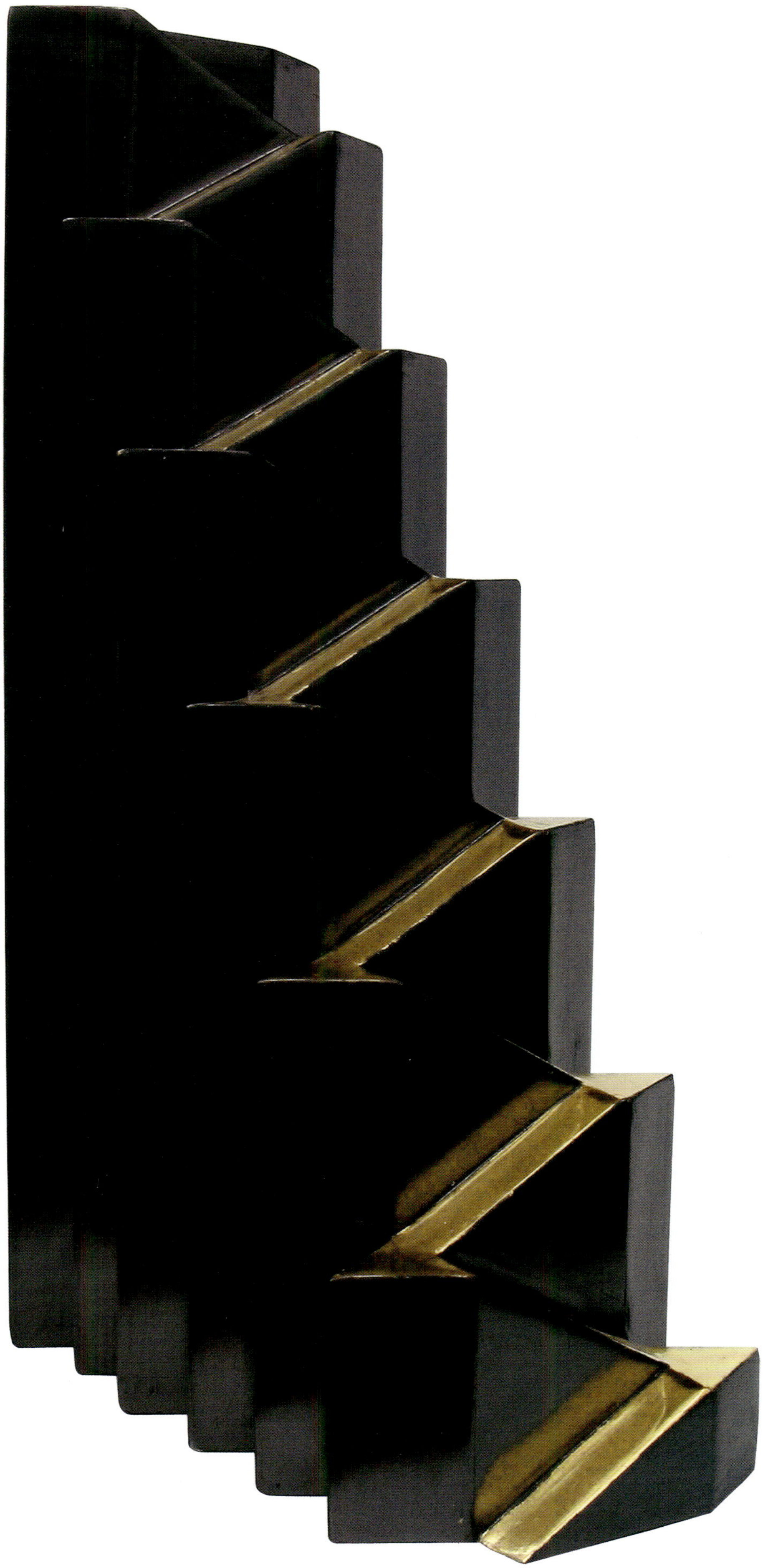

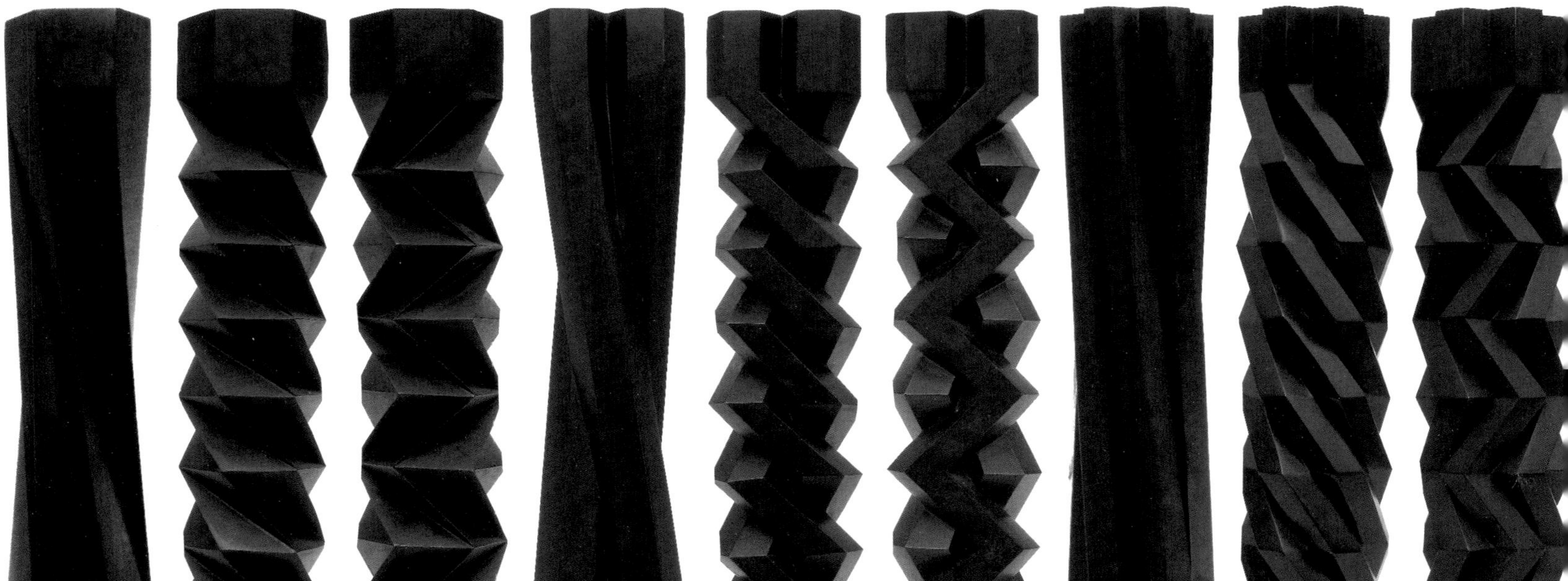

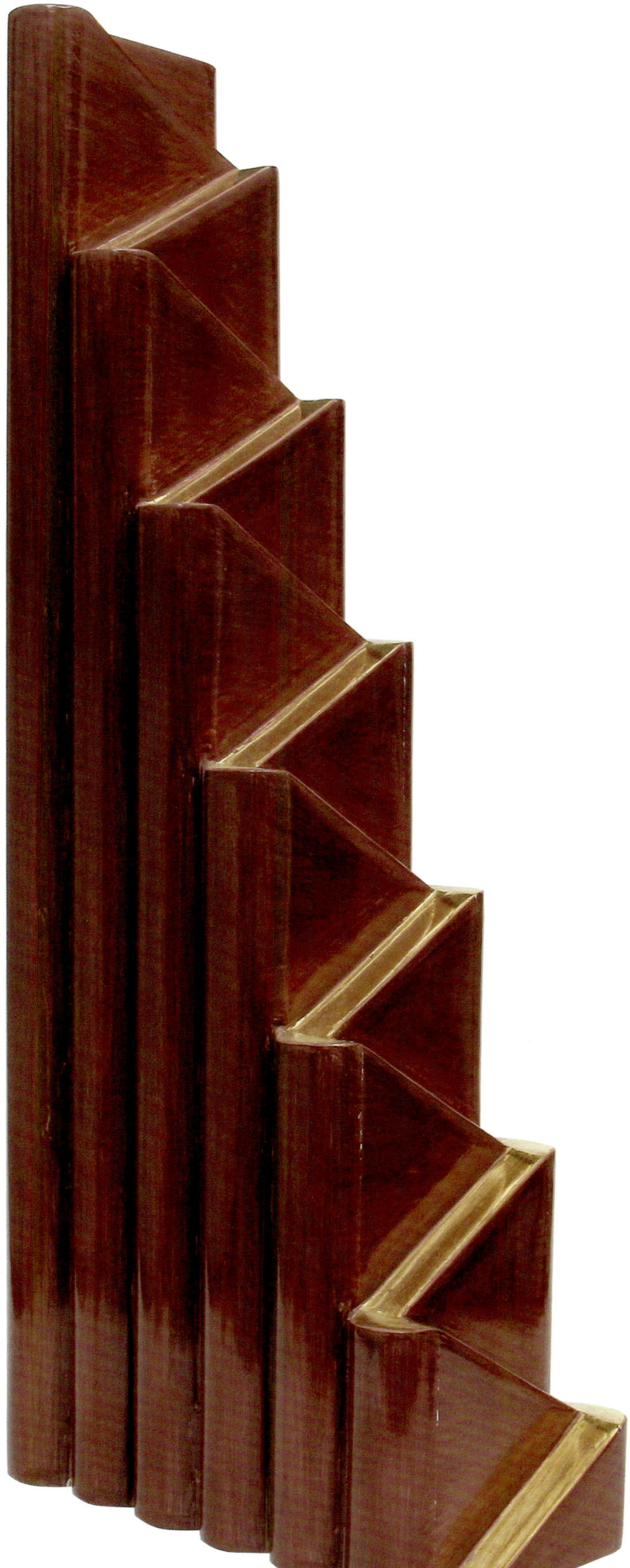

p. 15

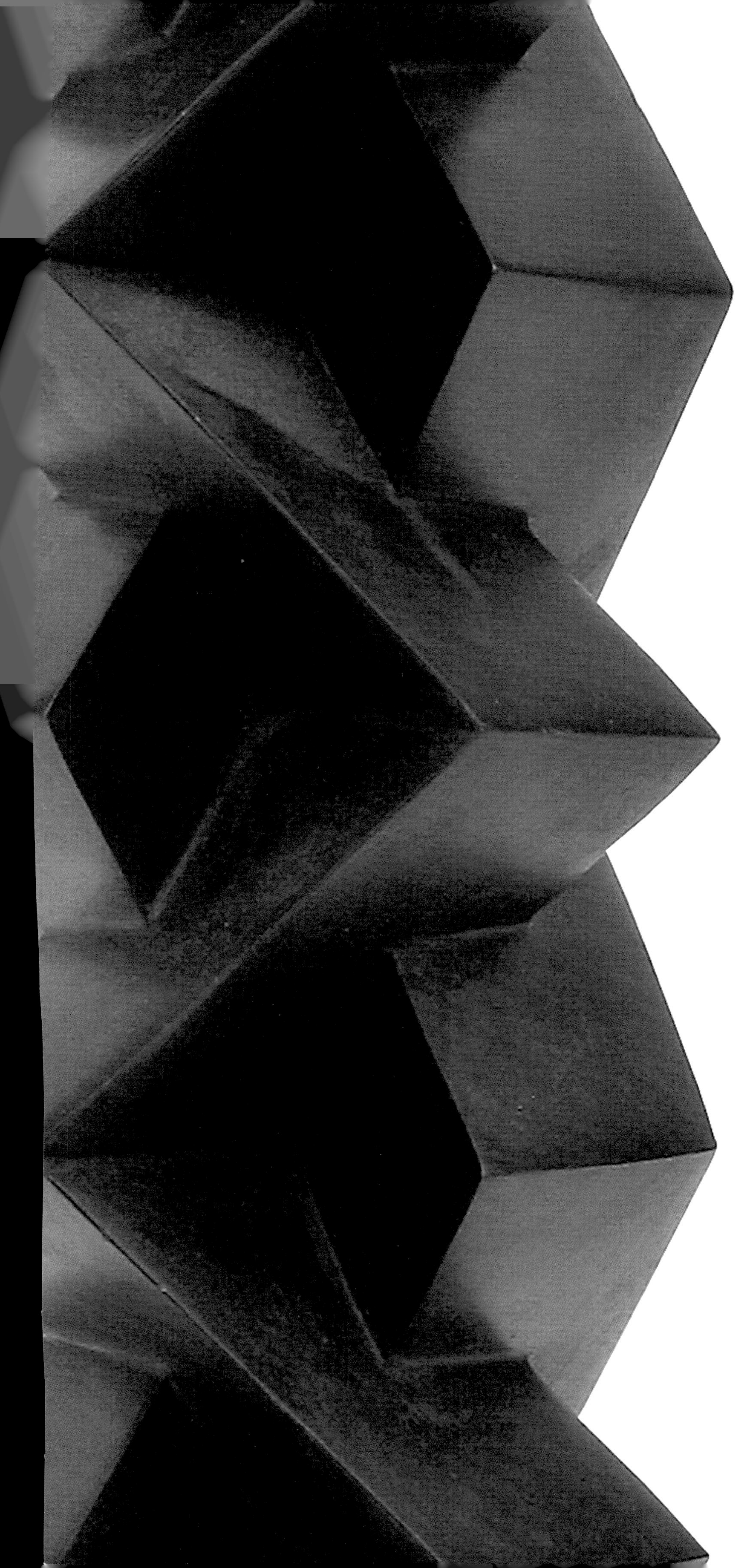

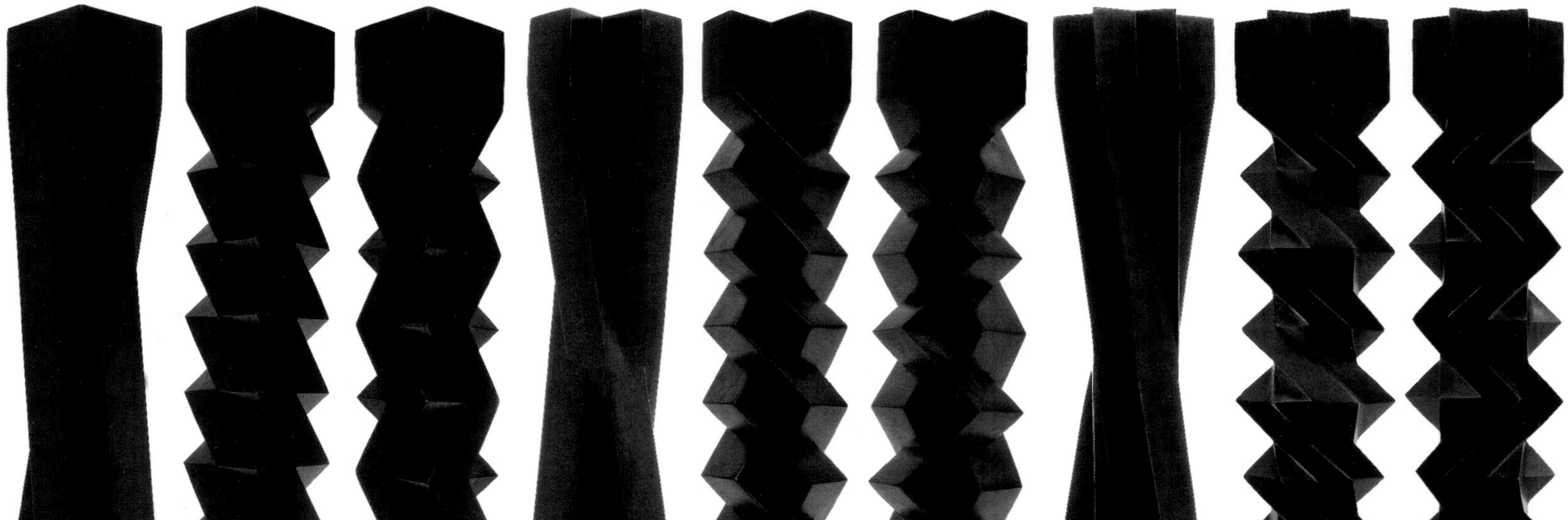

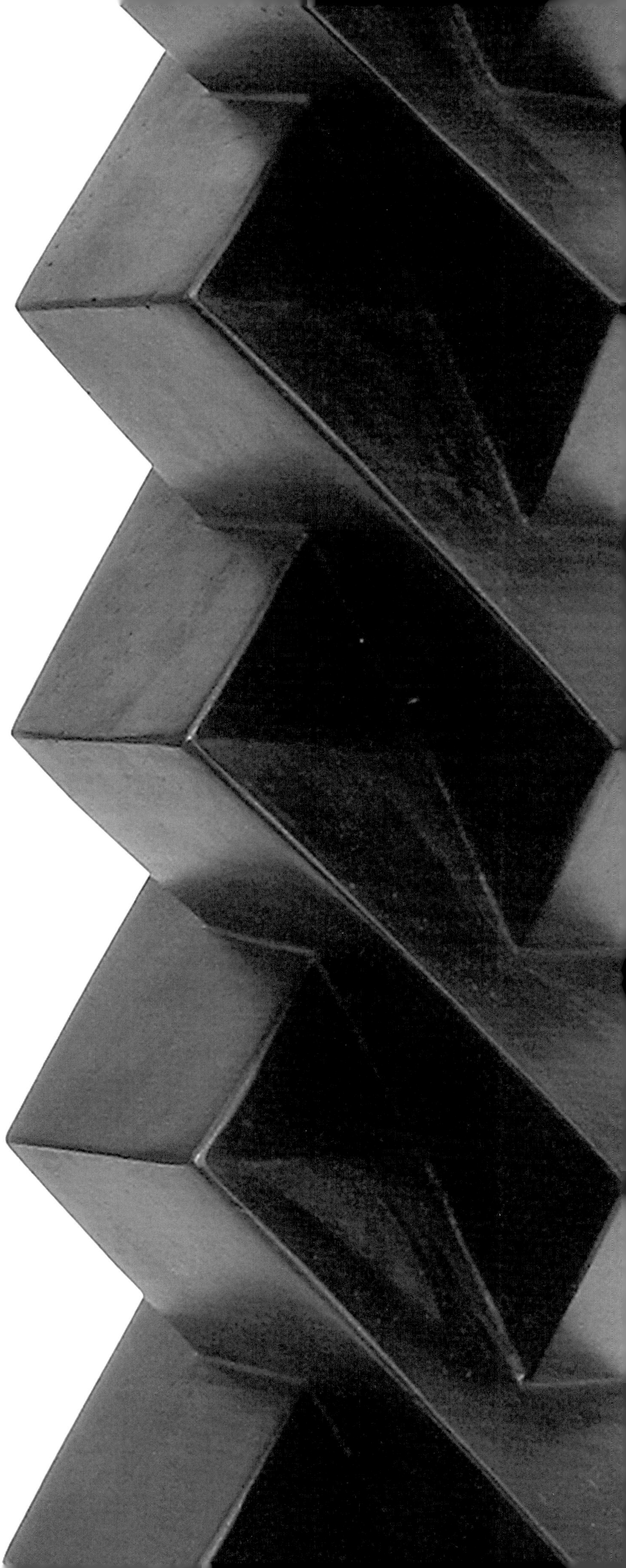

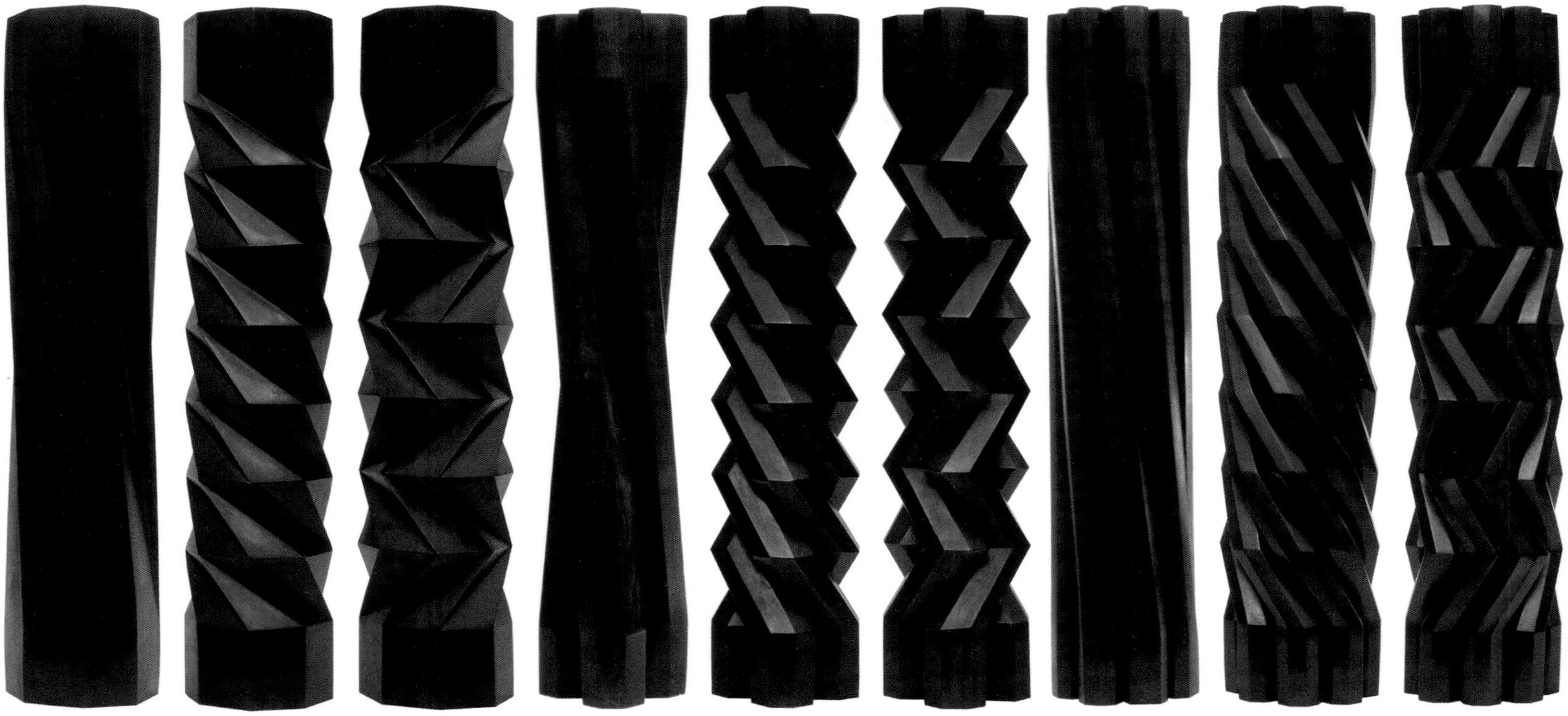

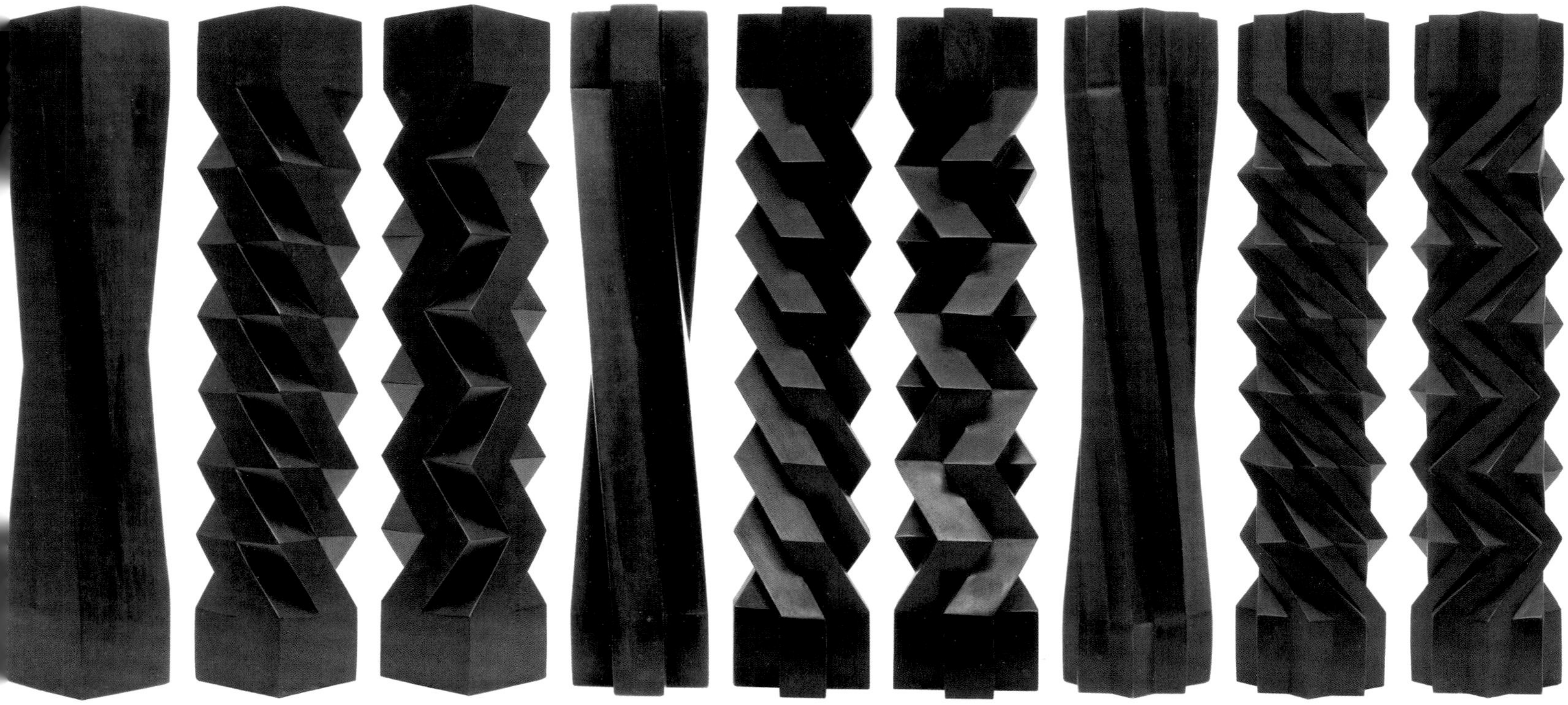

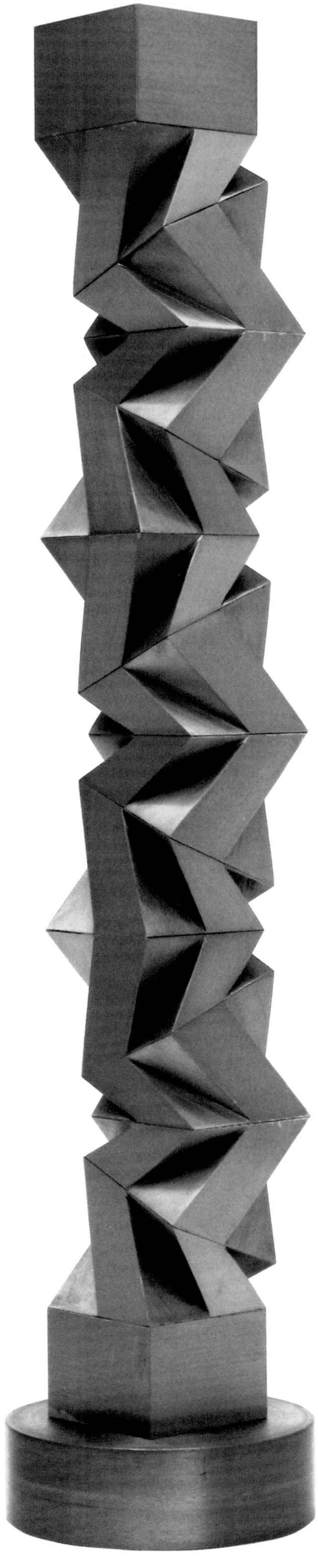

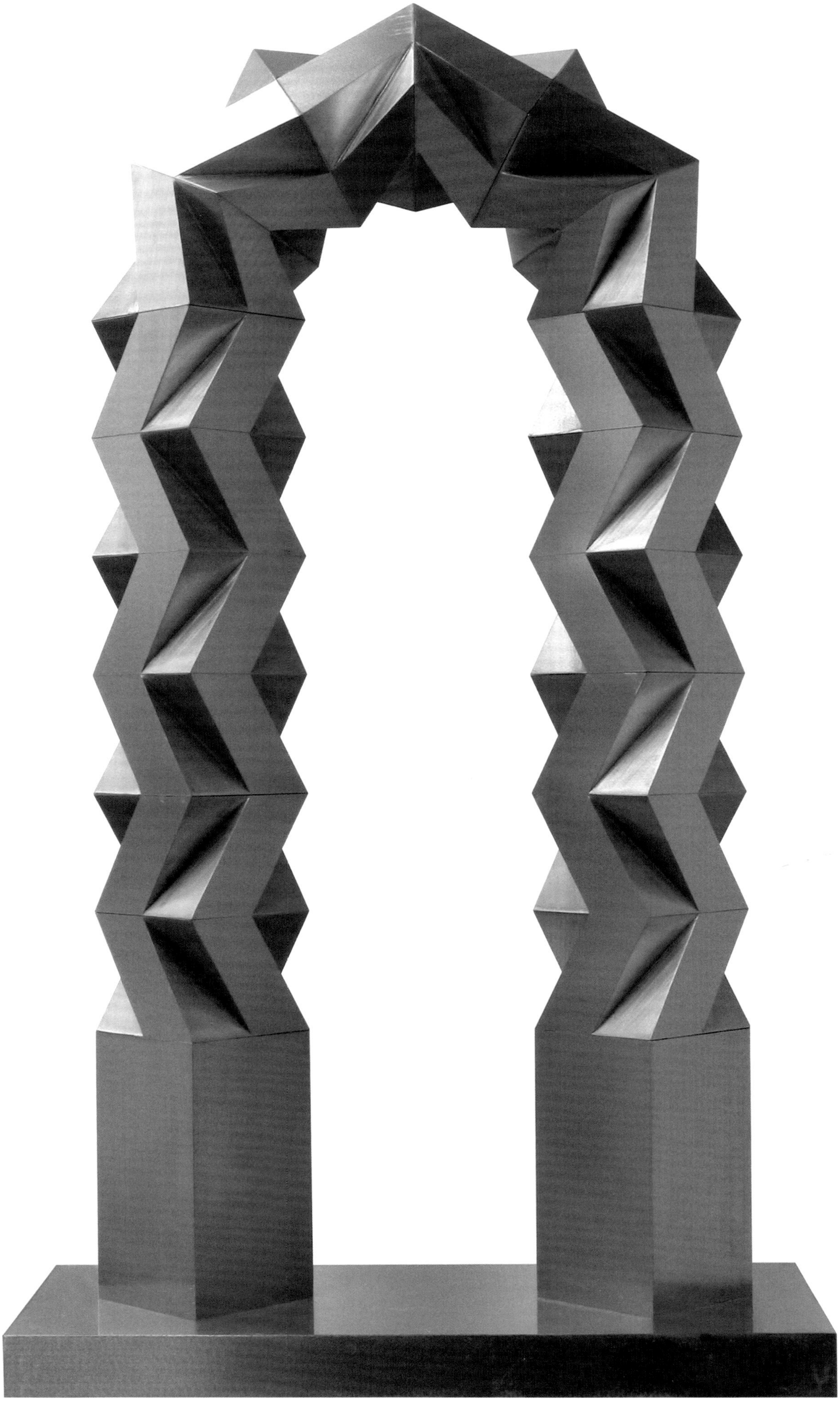

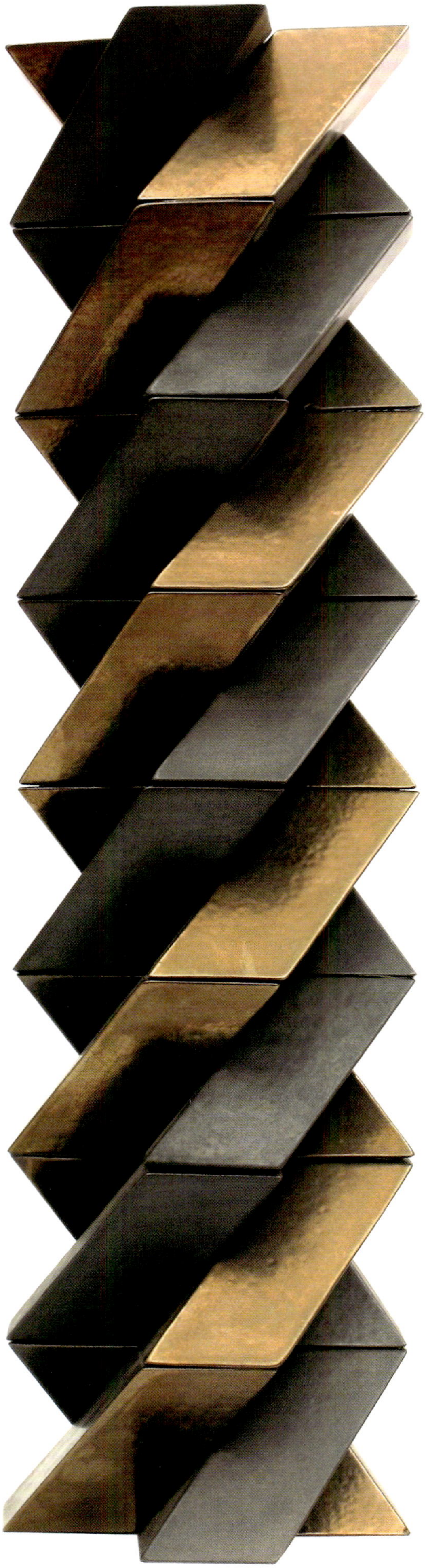

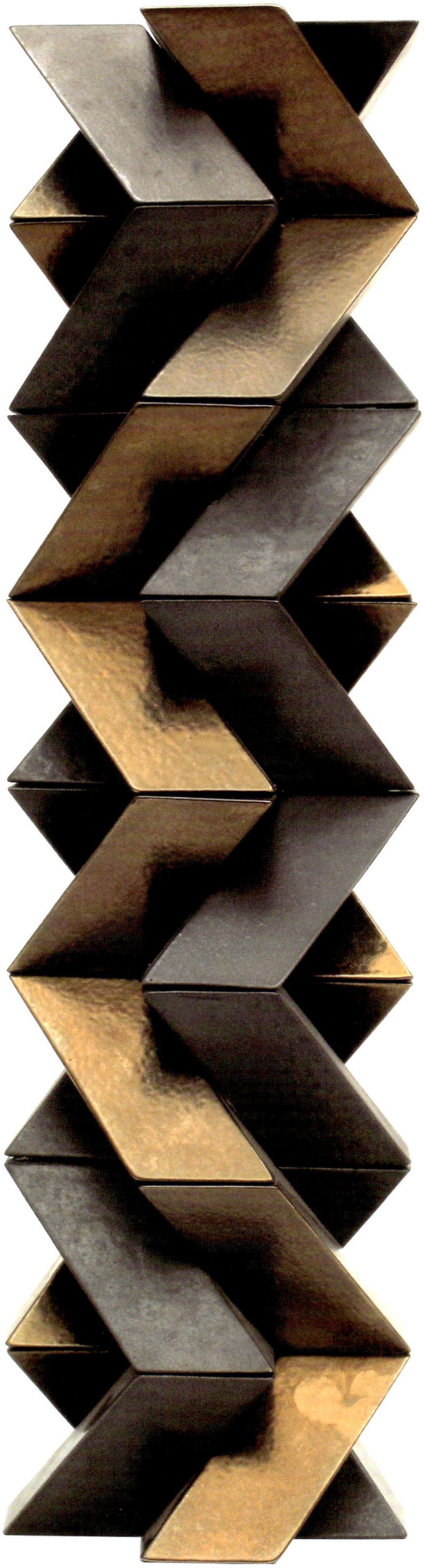

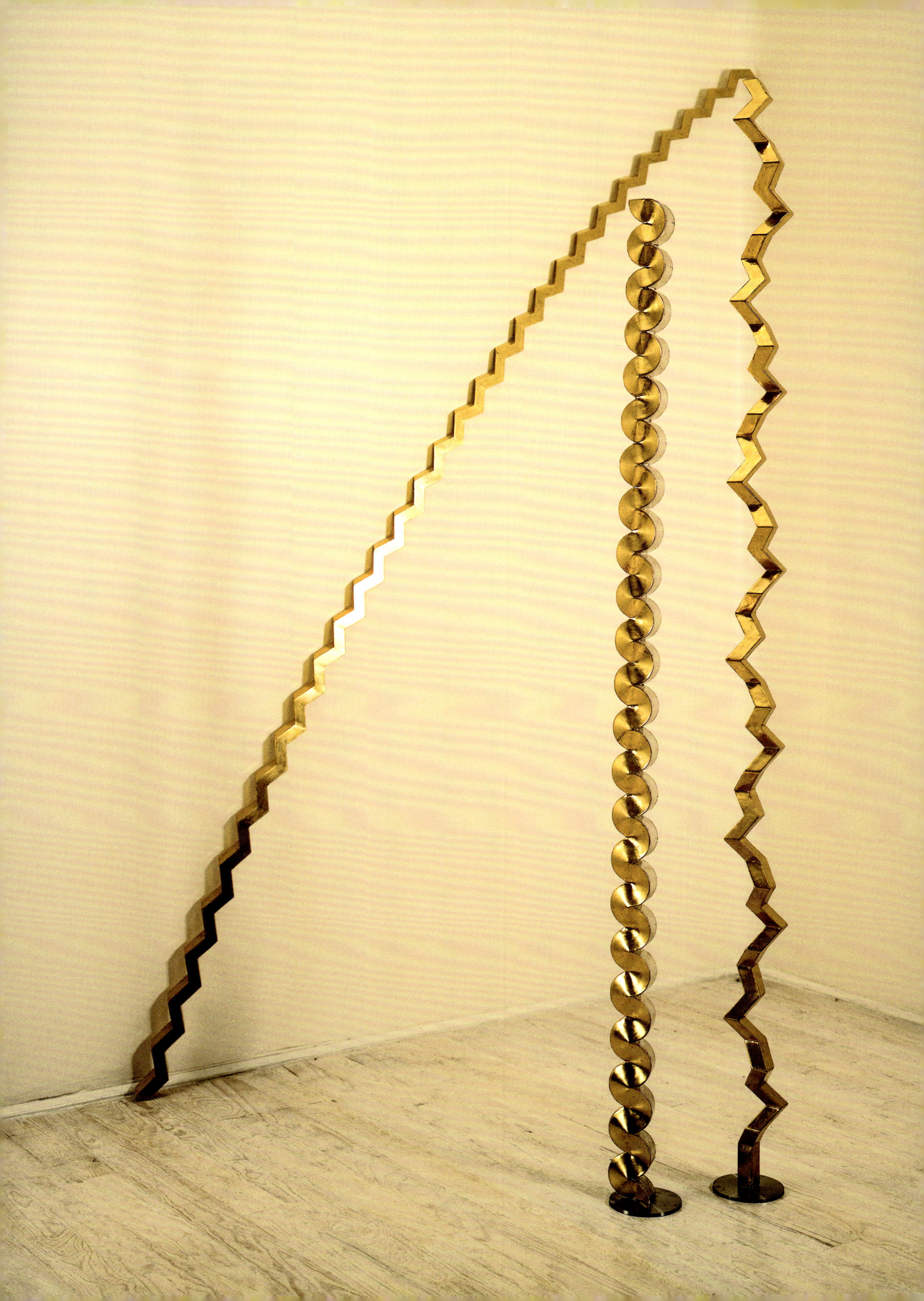

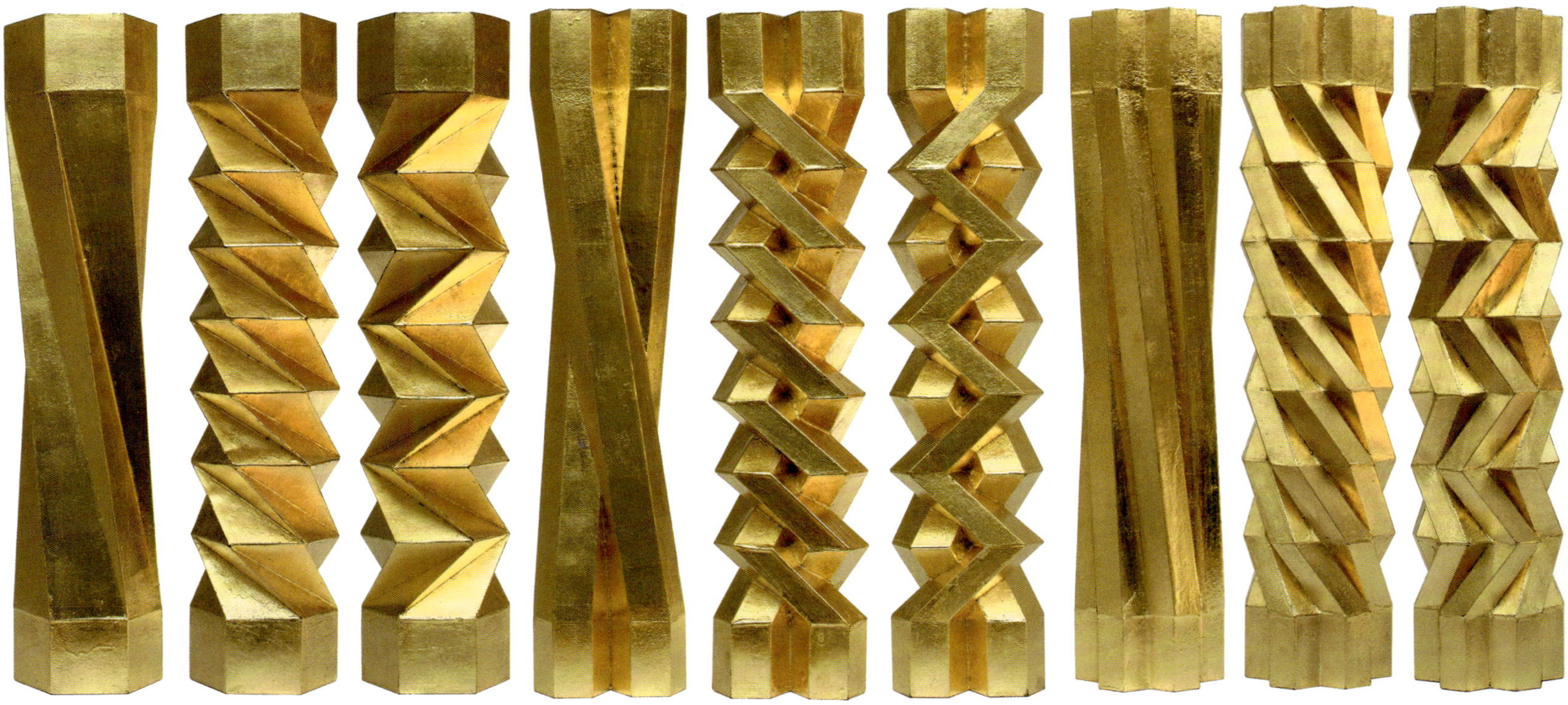

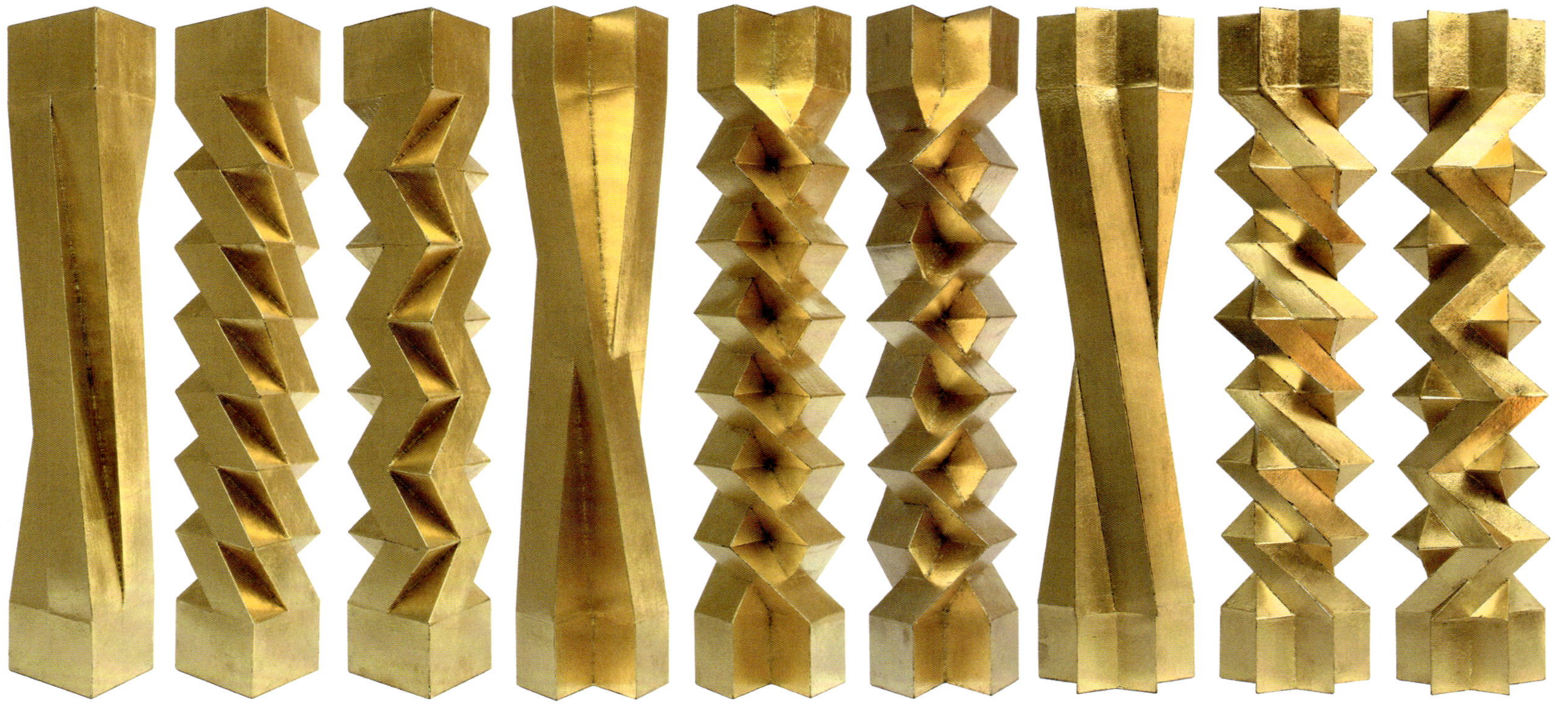

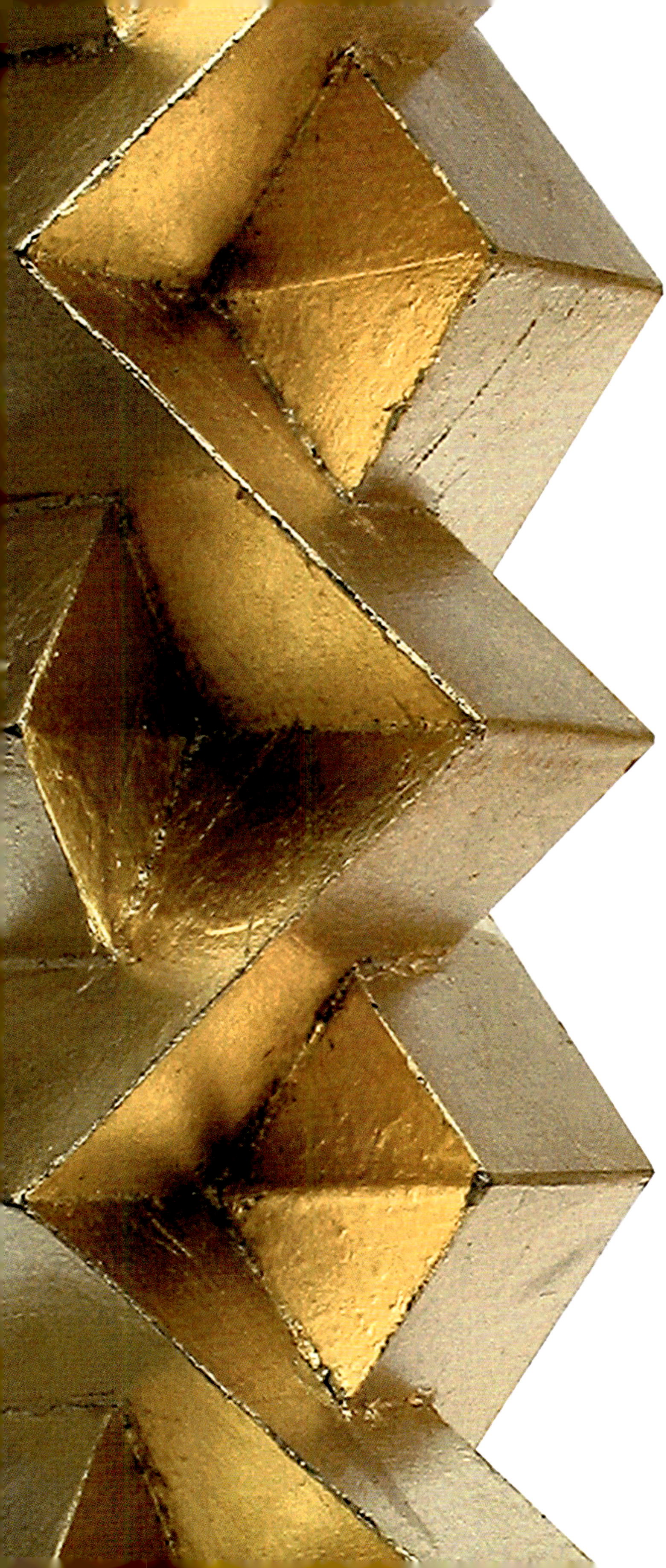

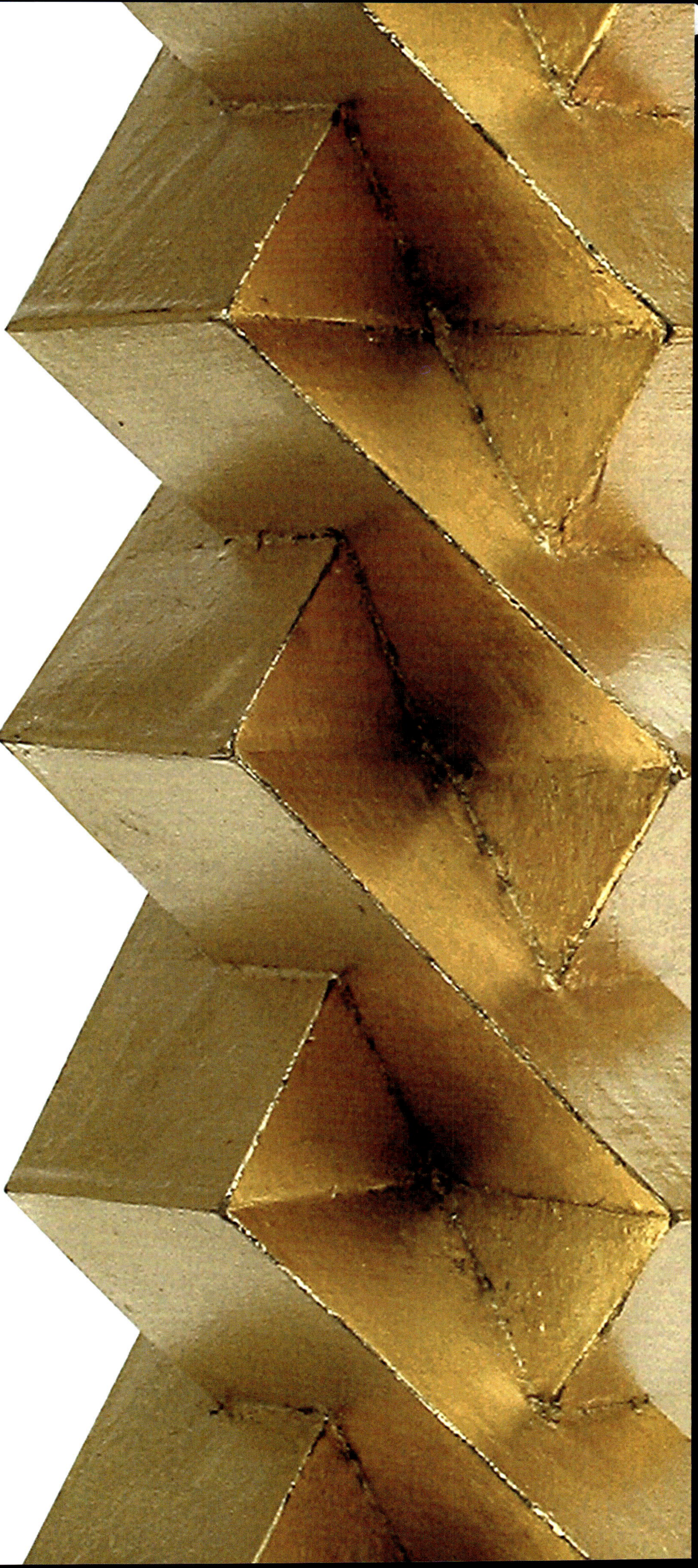

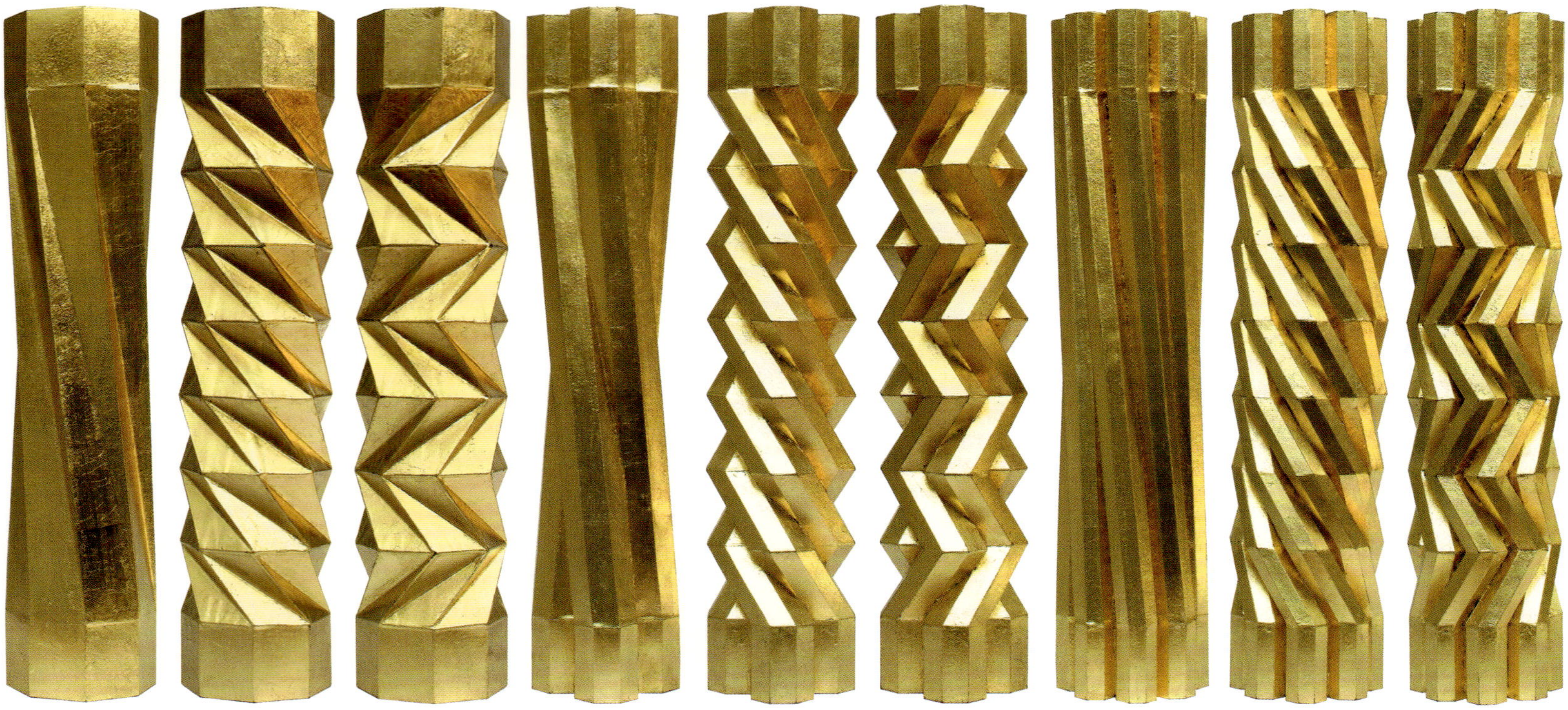

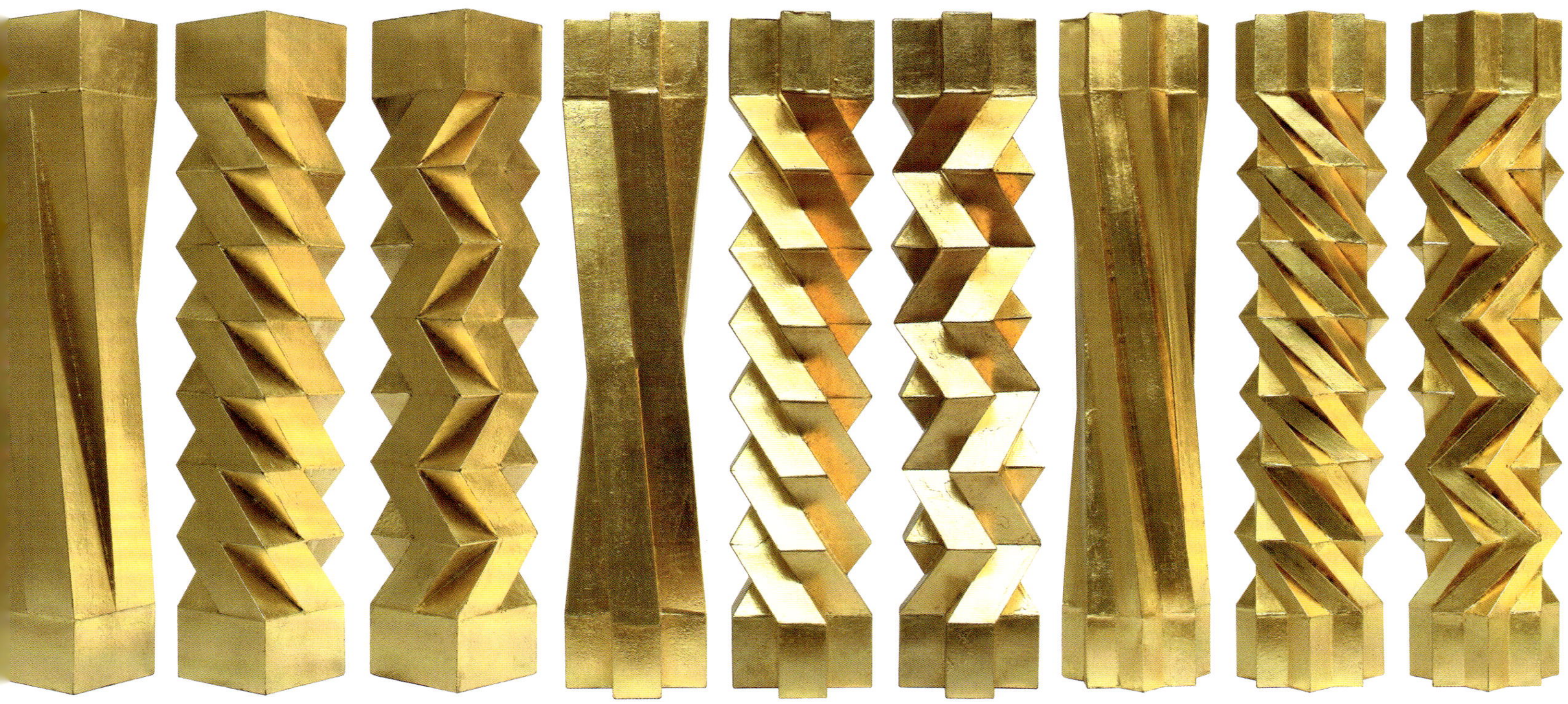

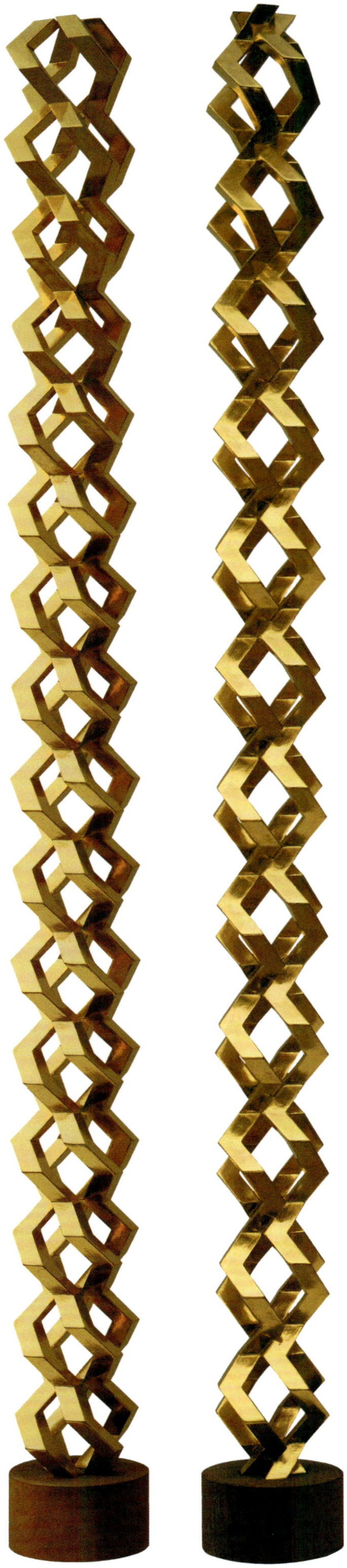

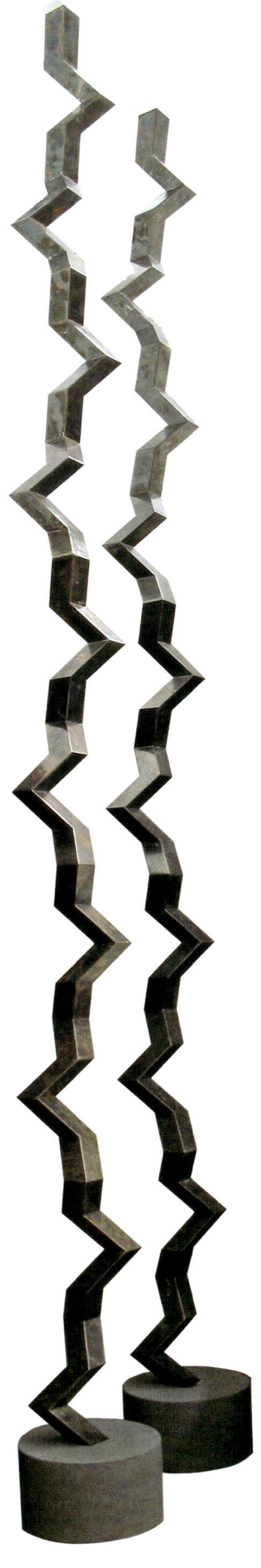

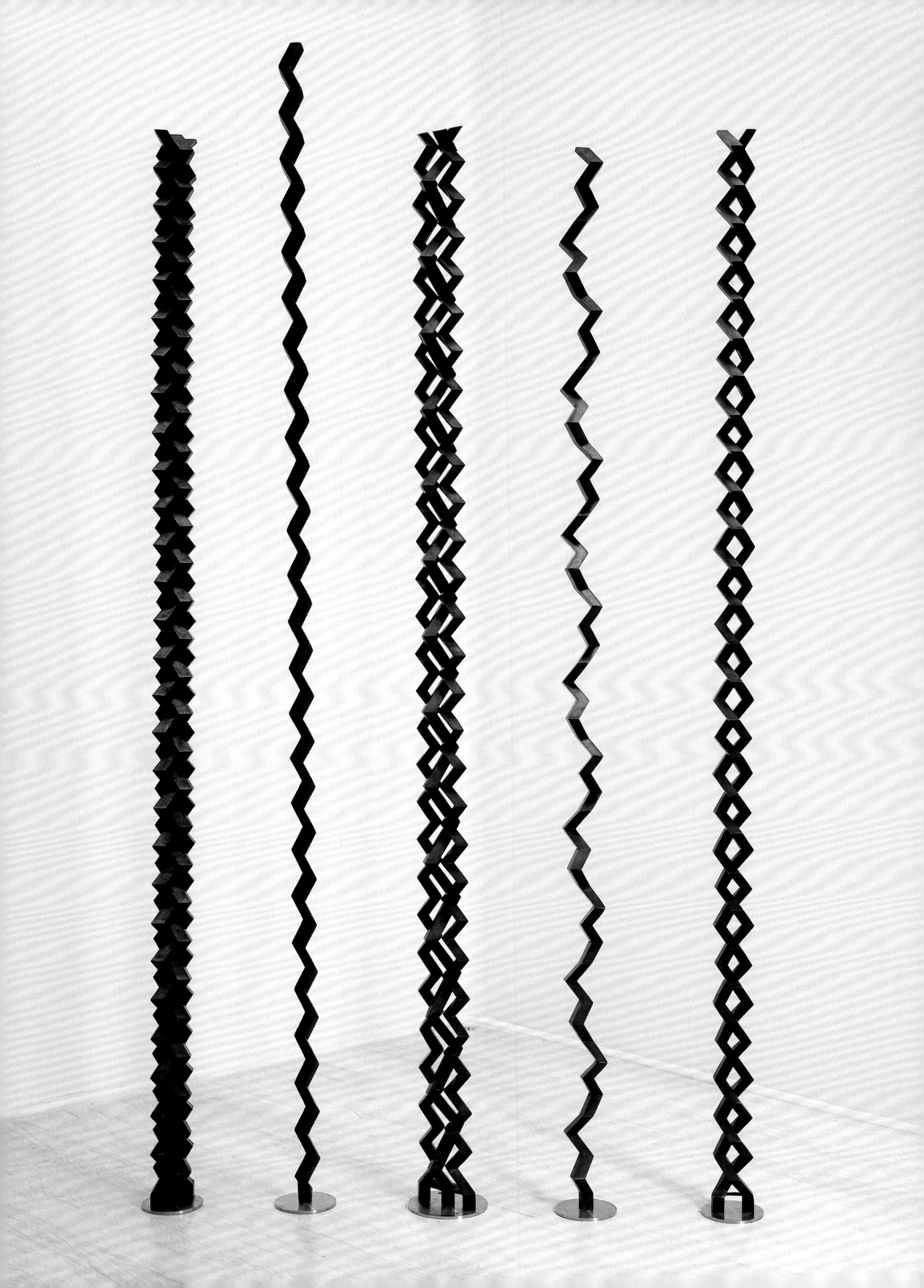

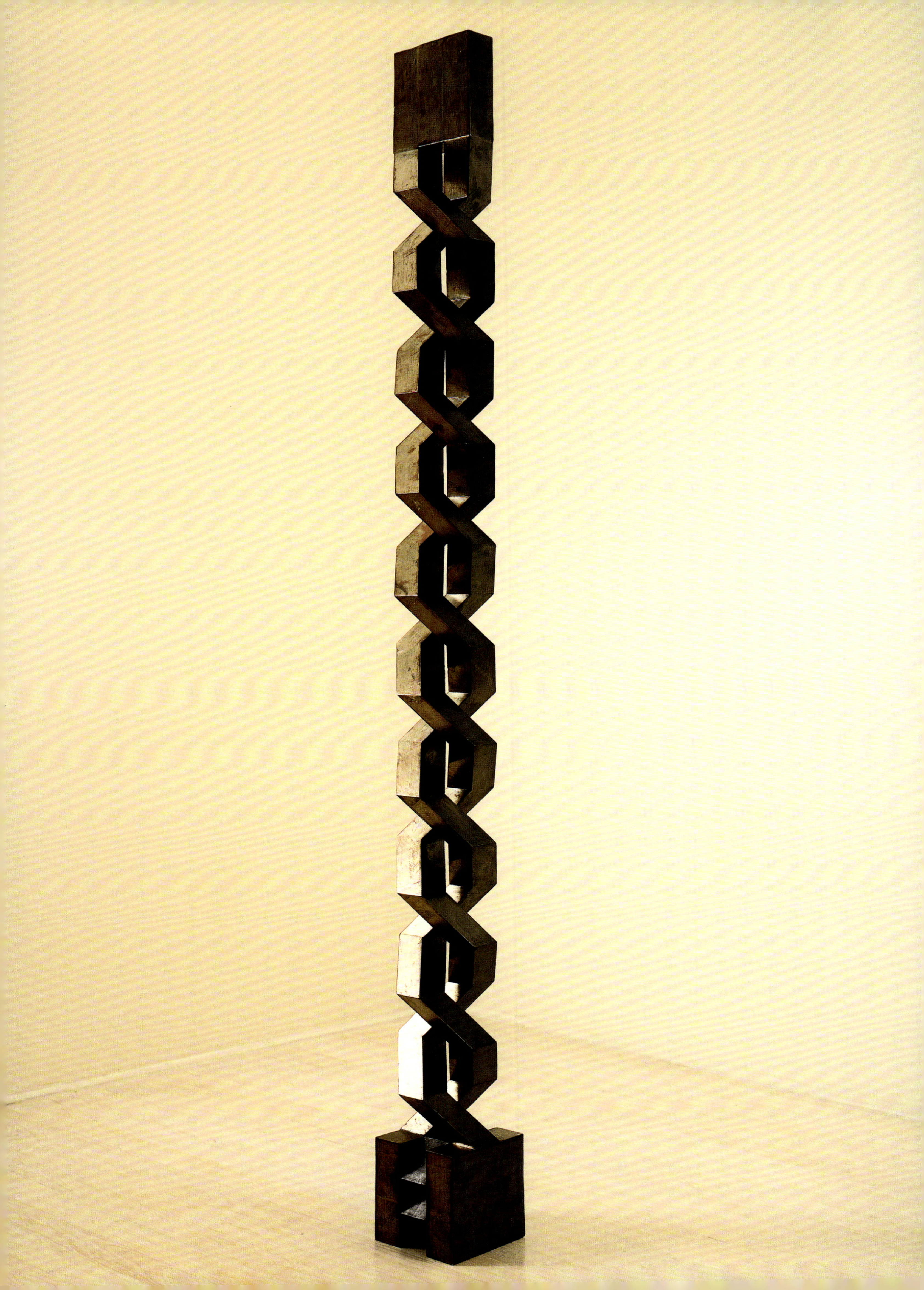

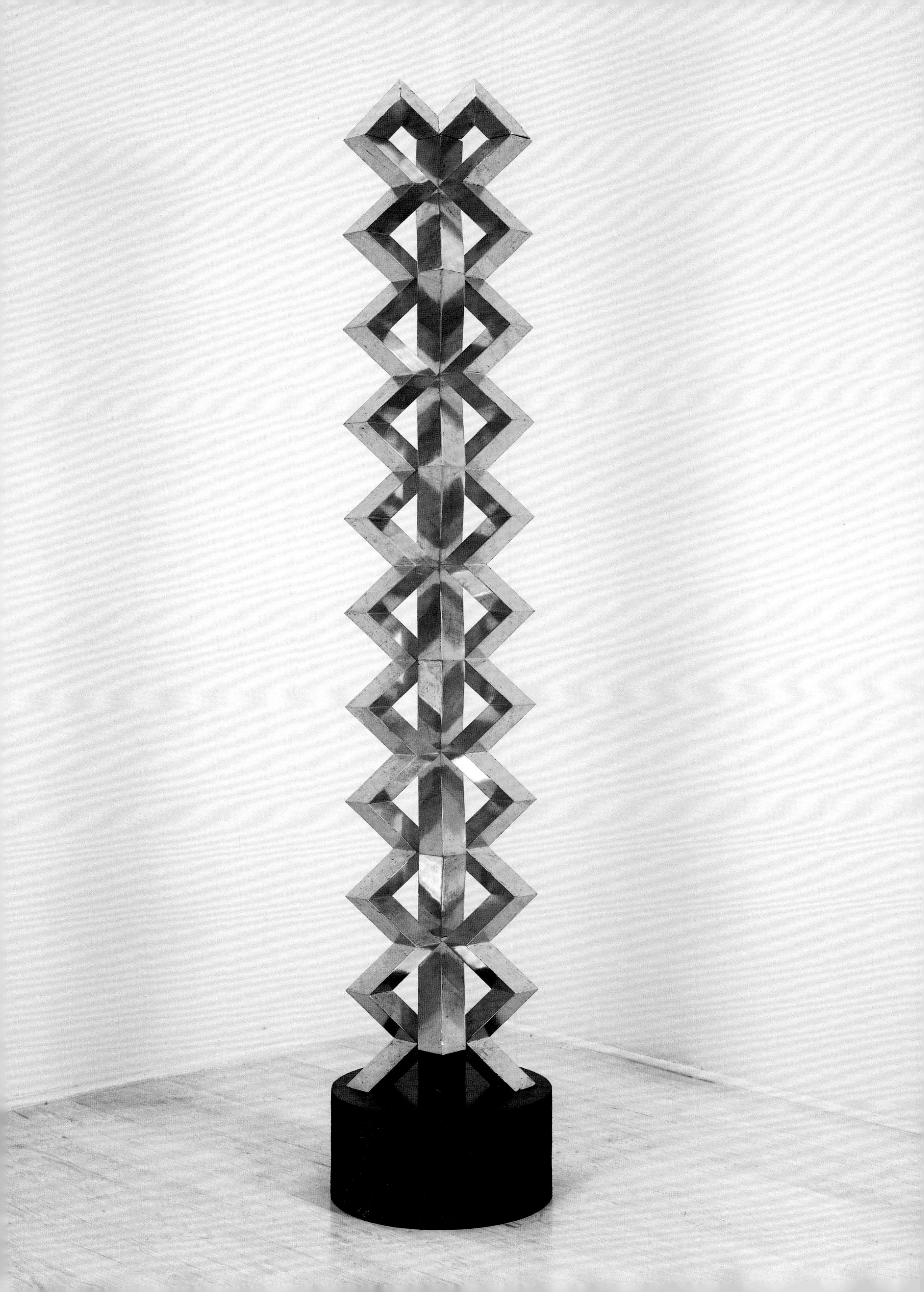

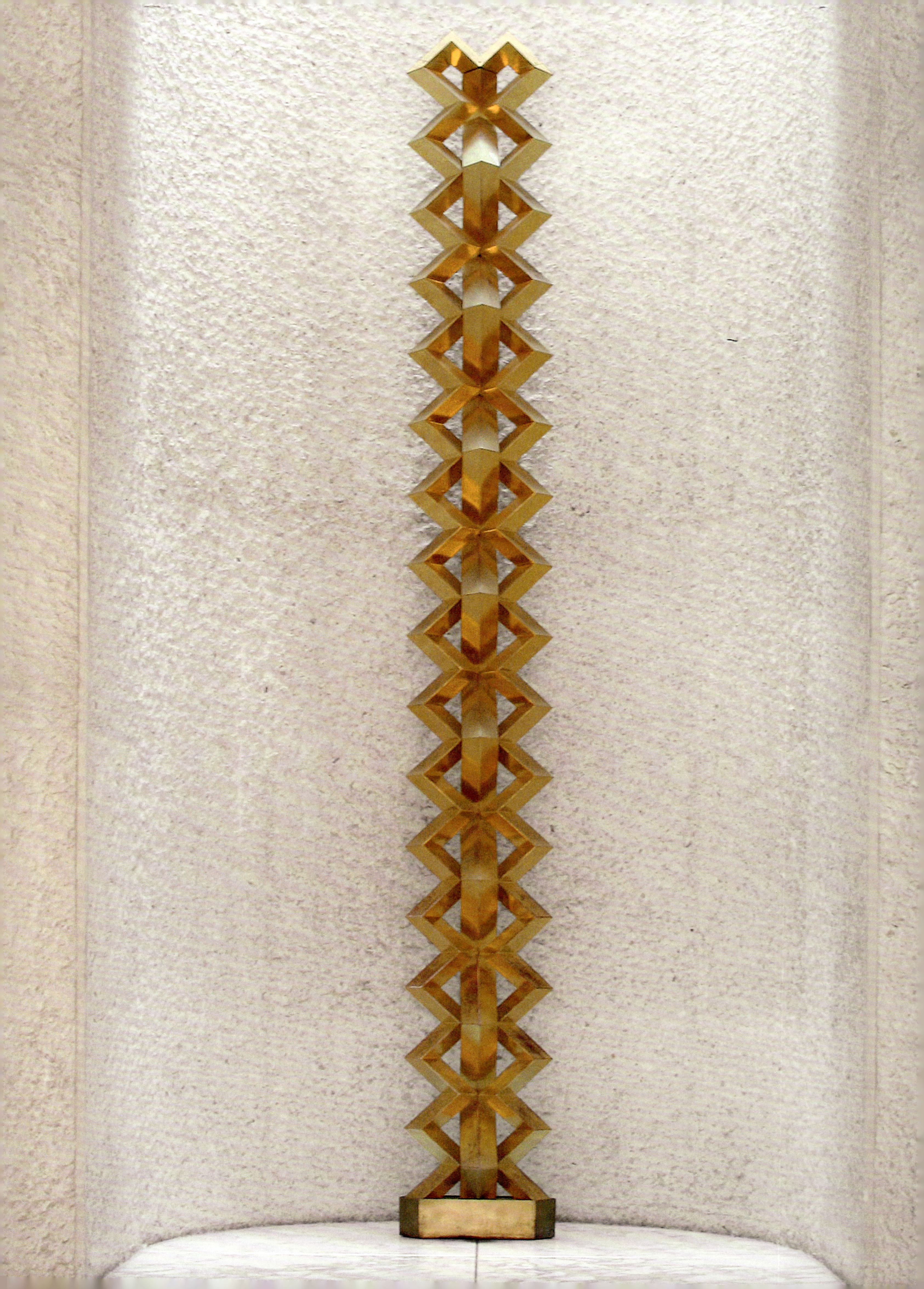

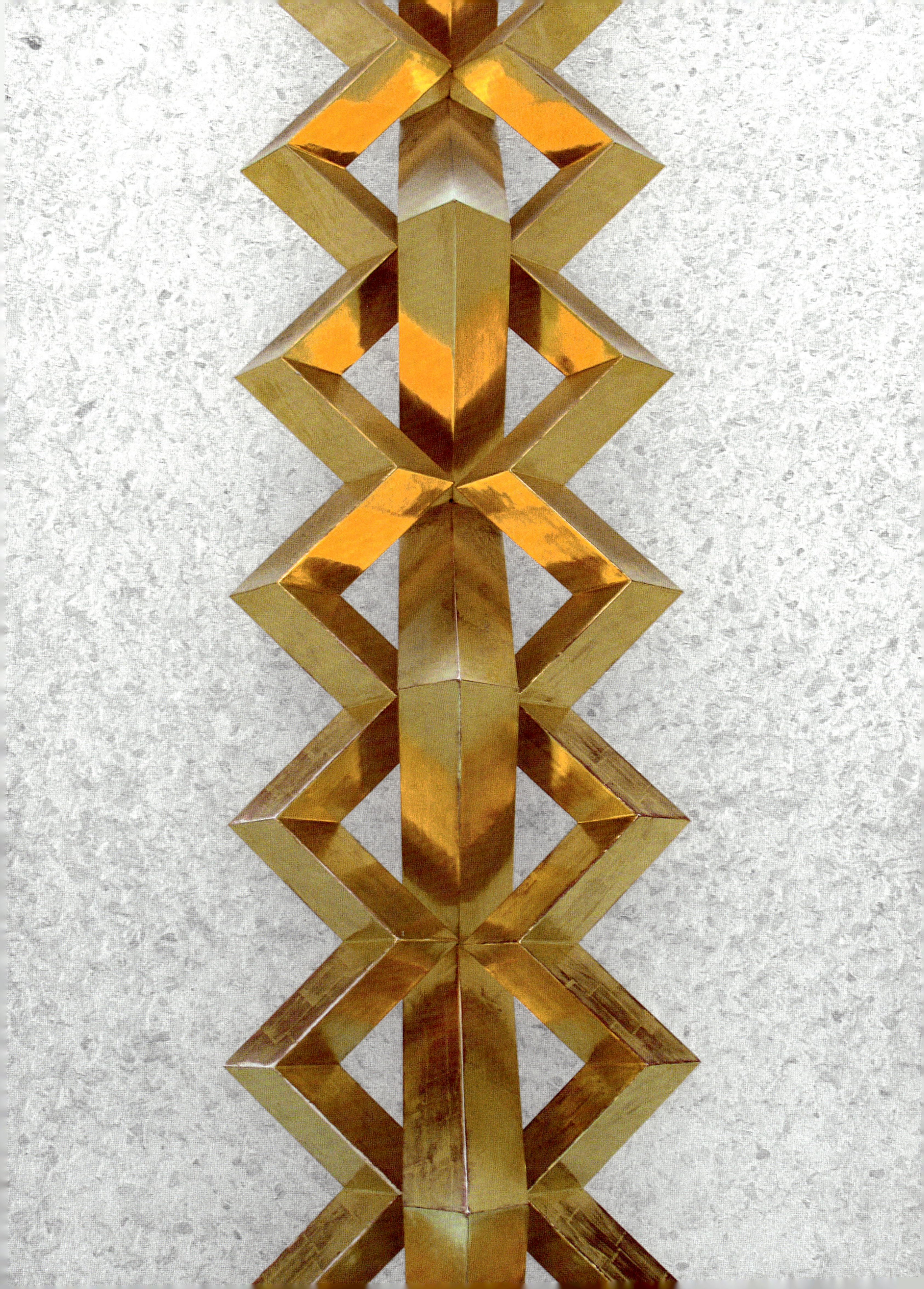

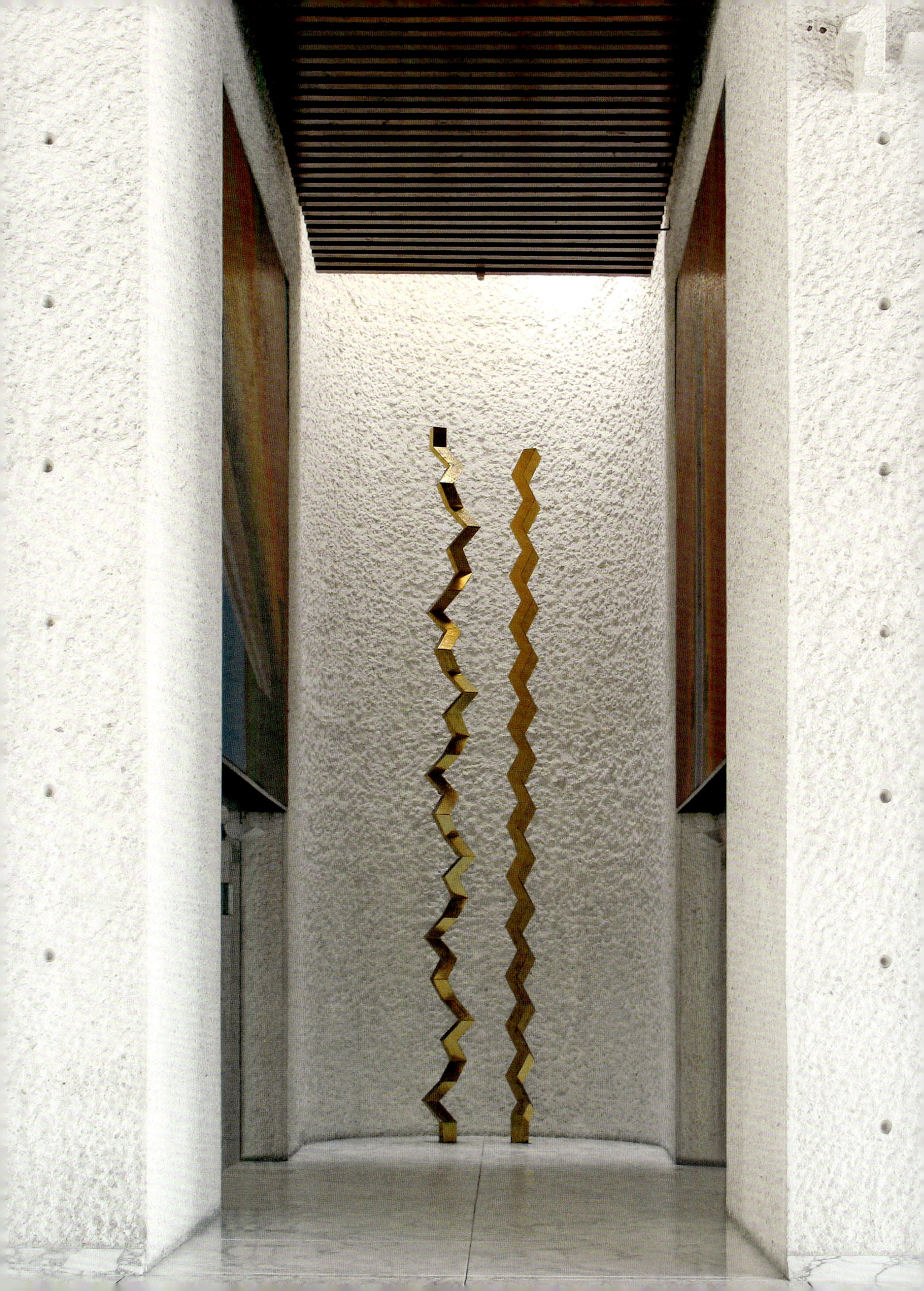

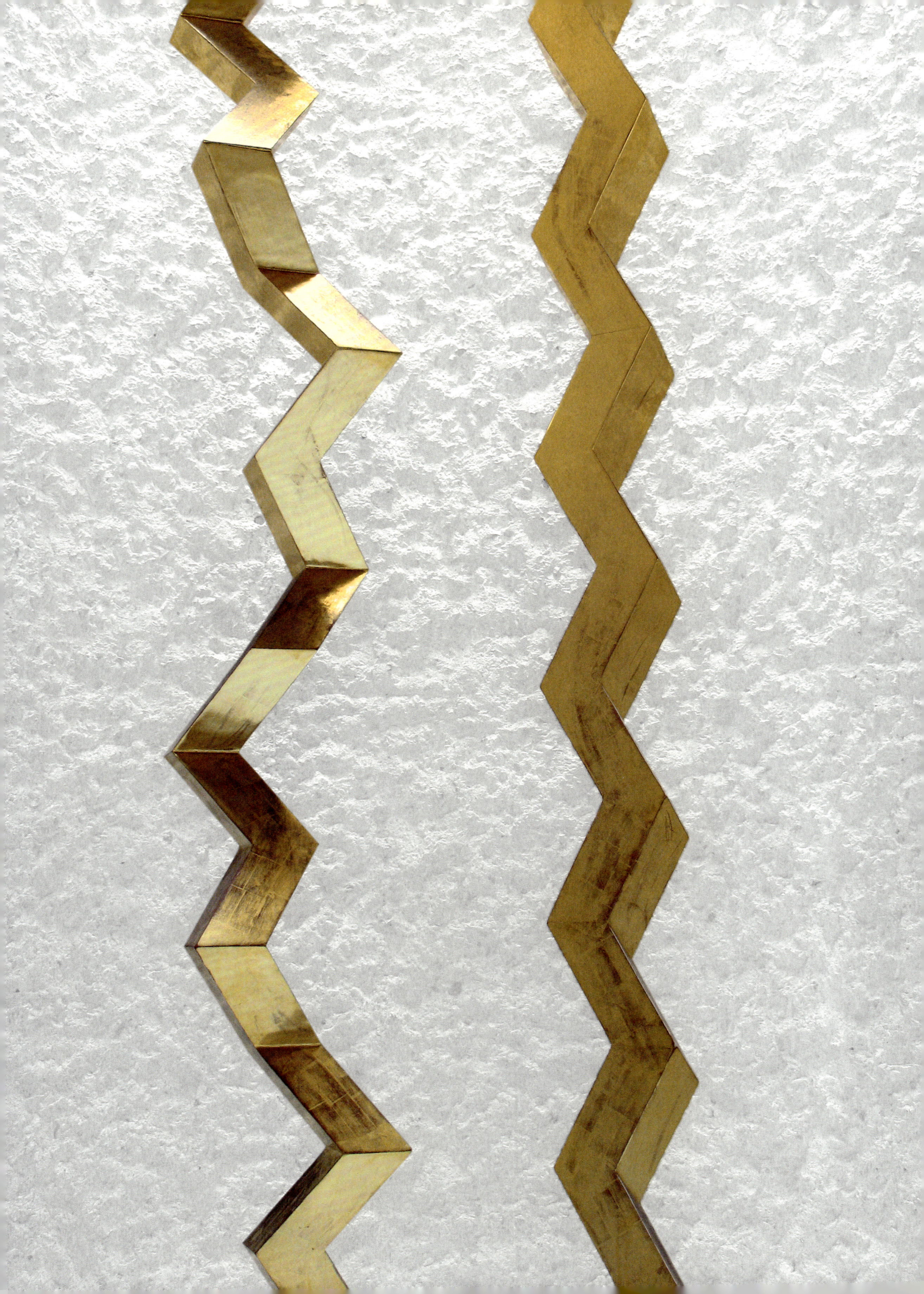

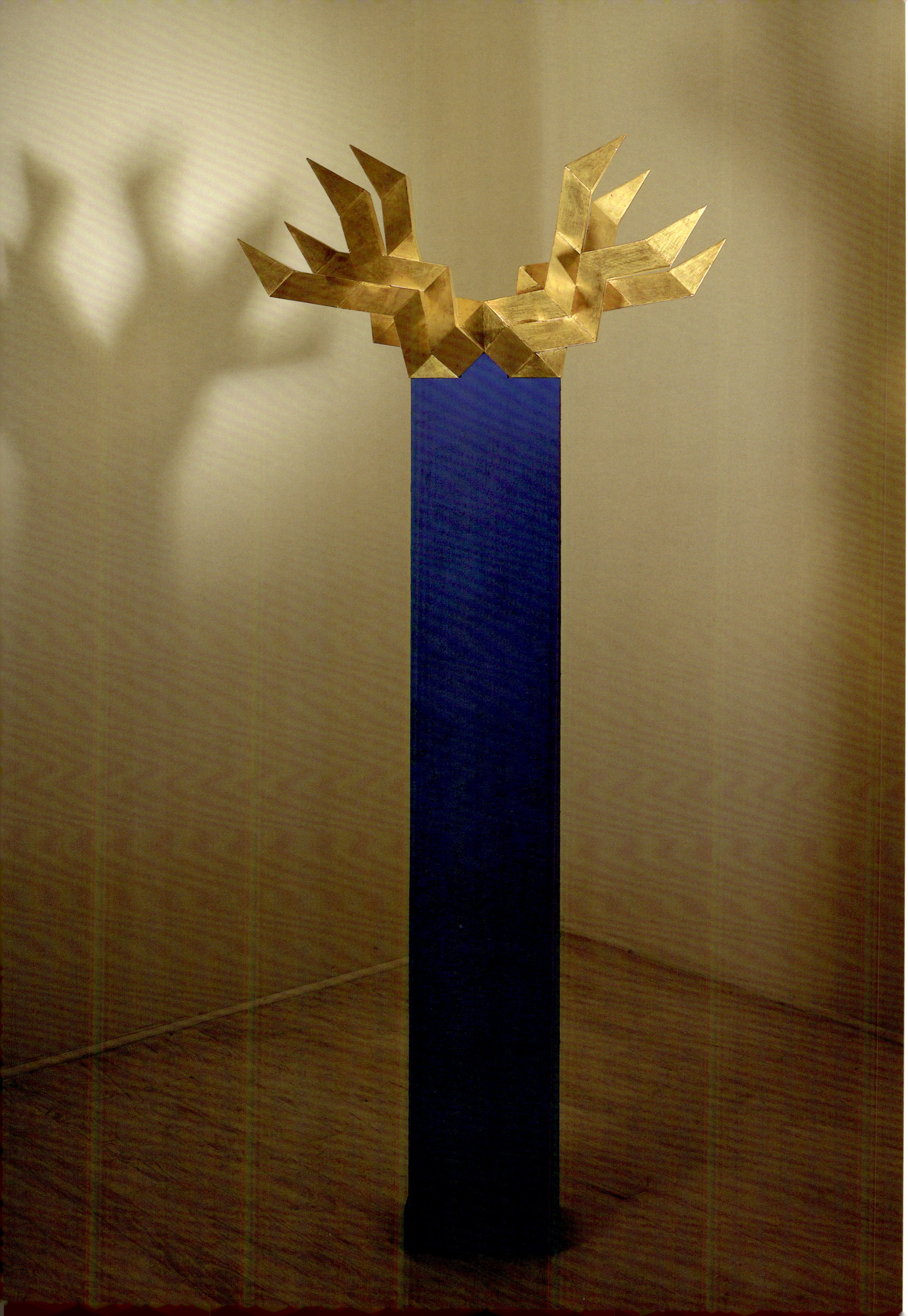

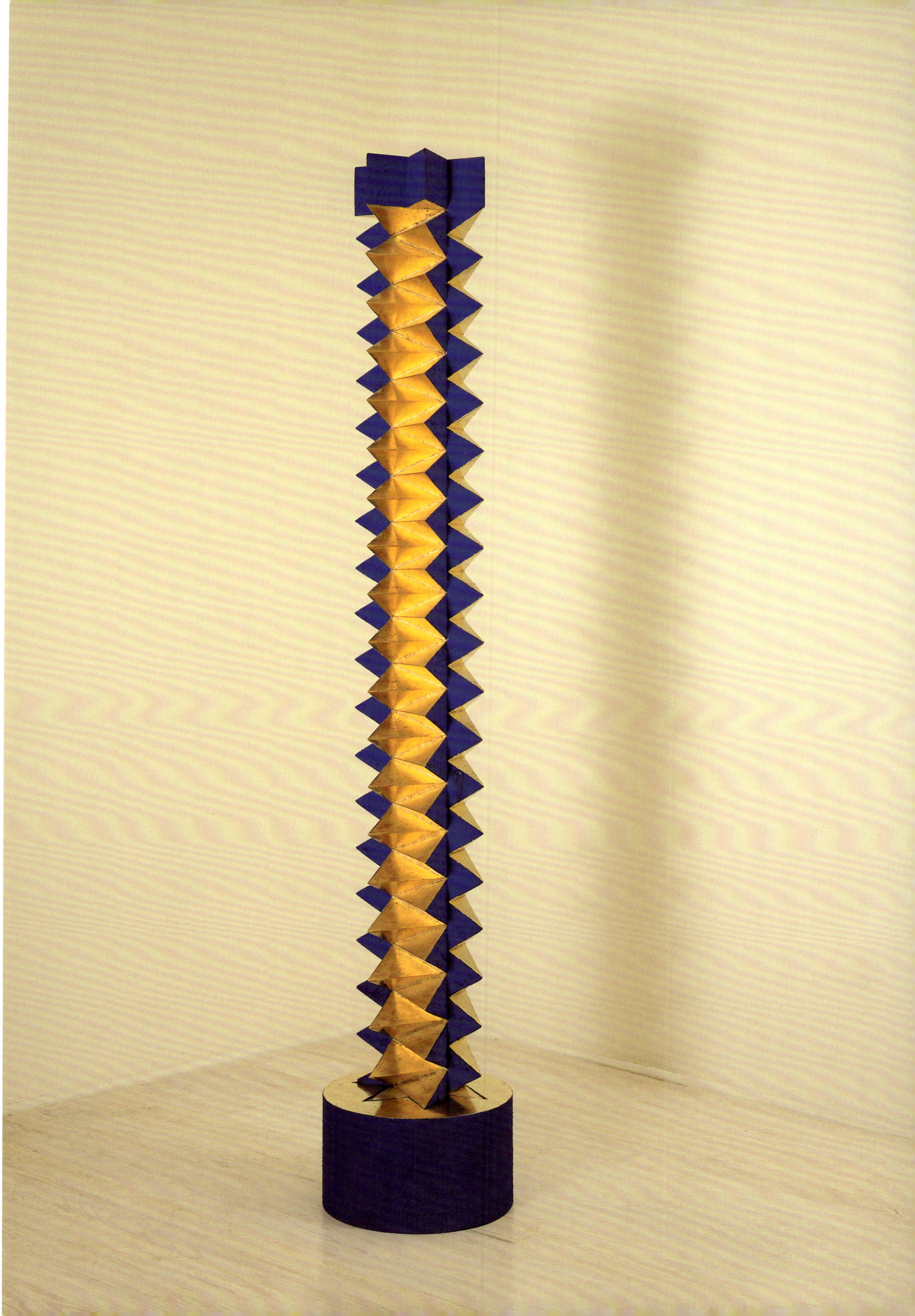

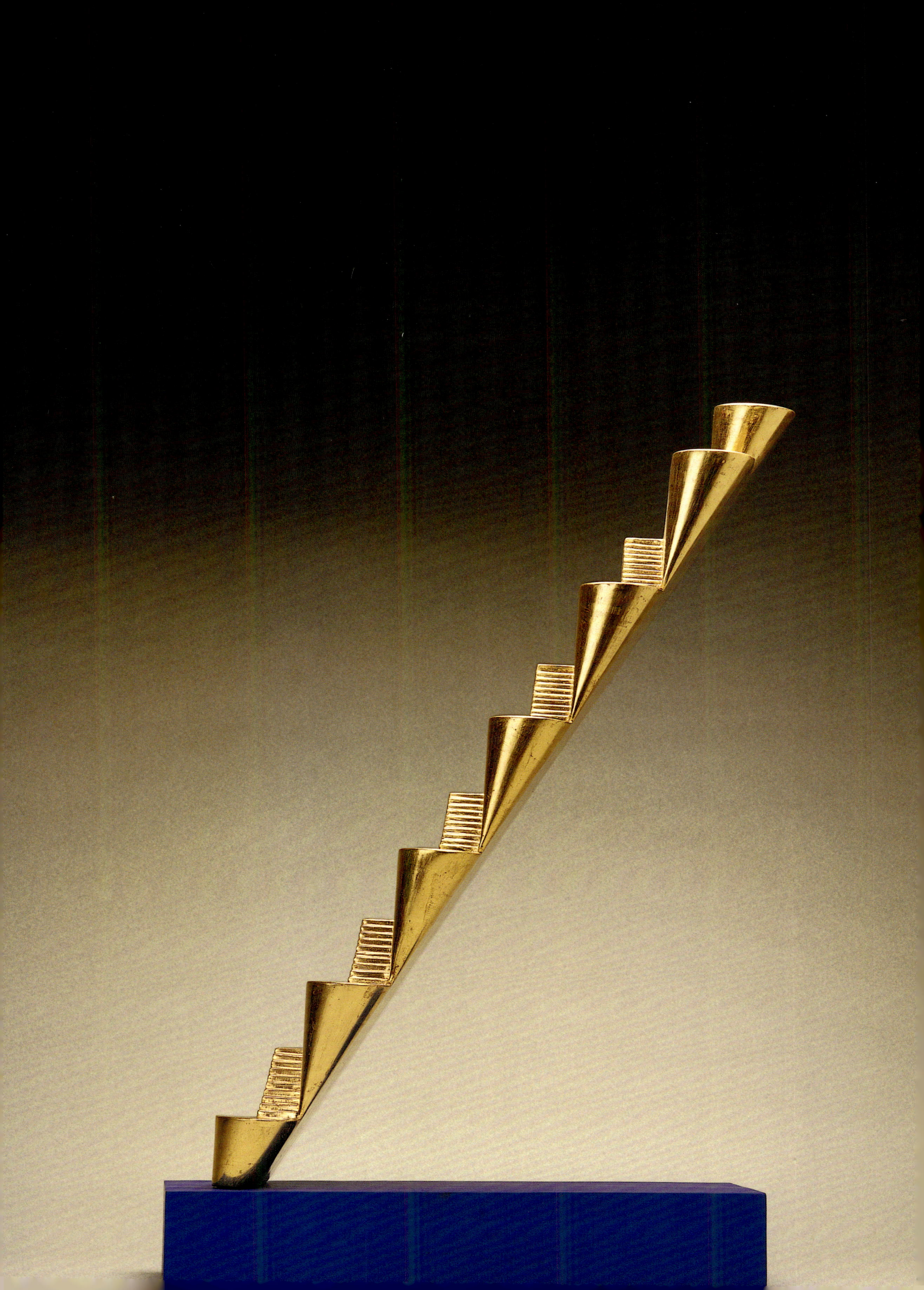

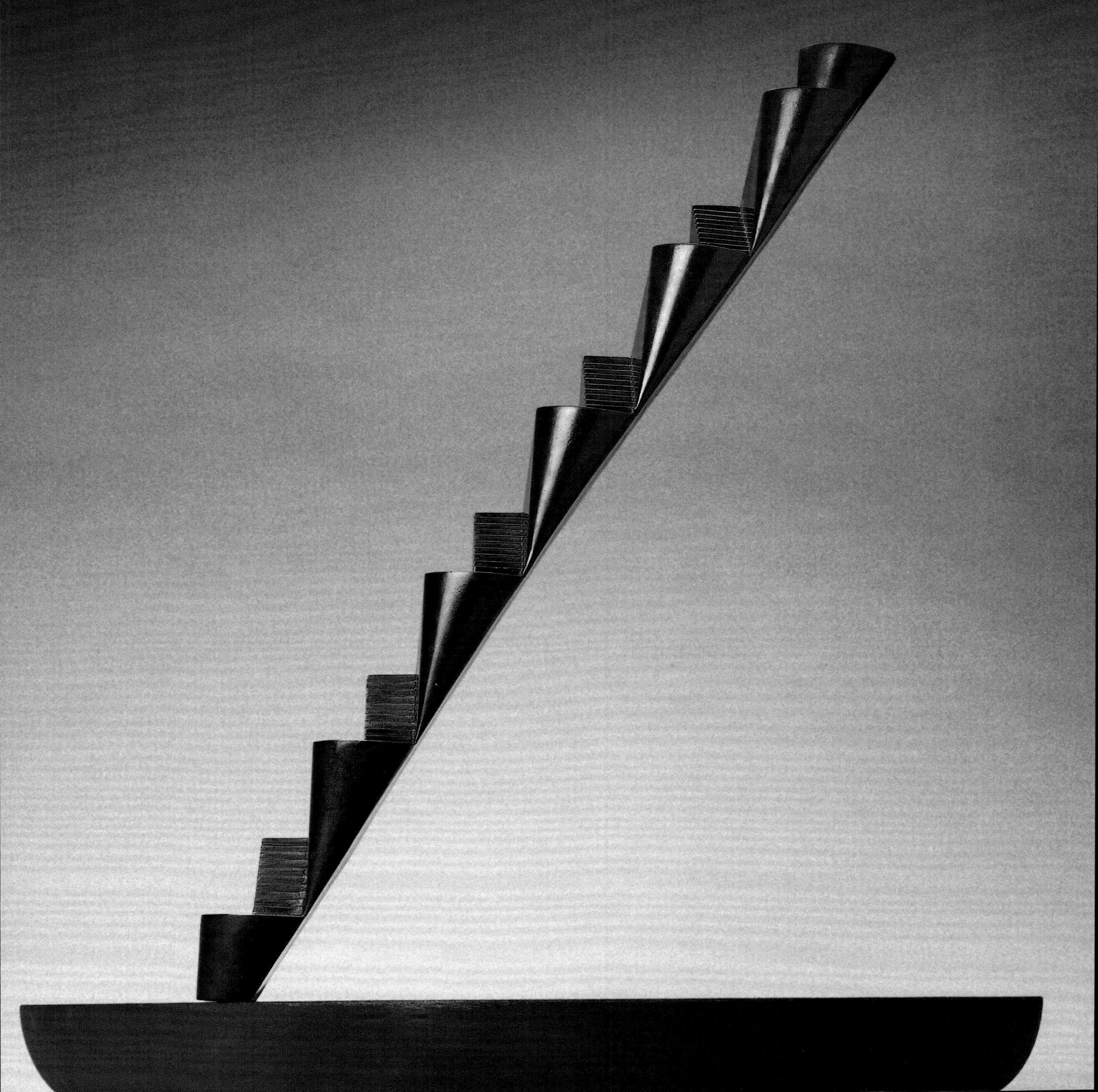

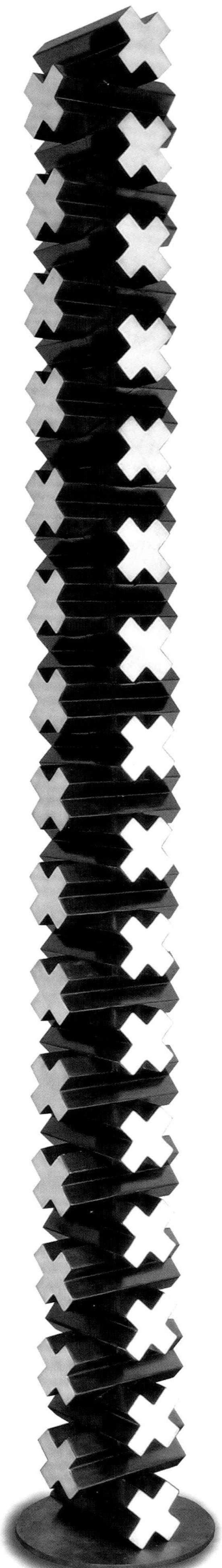

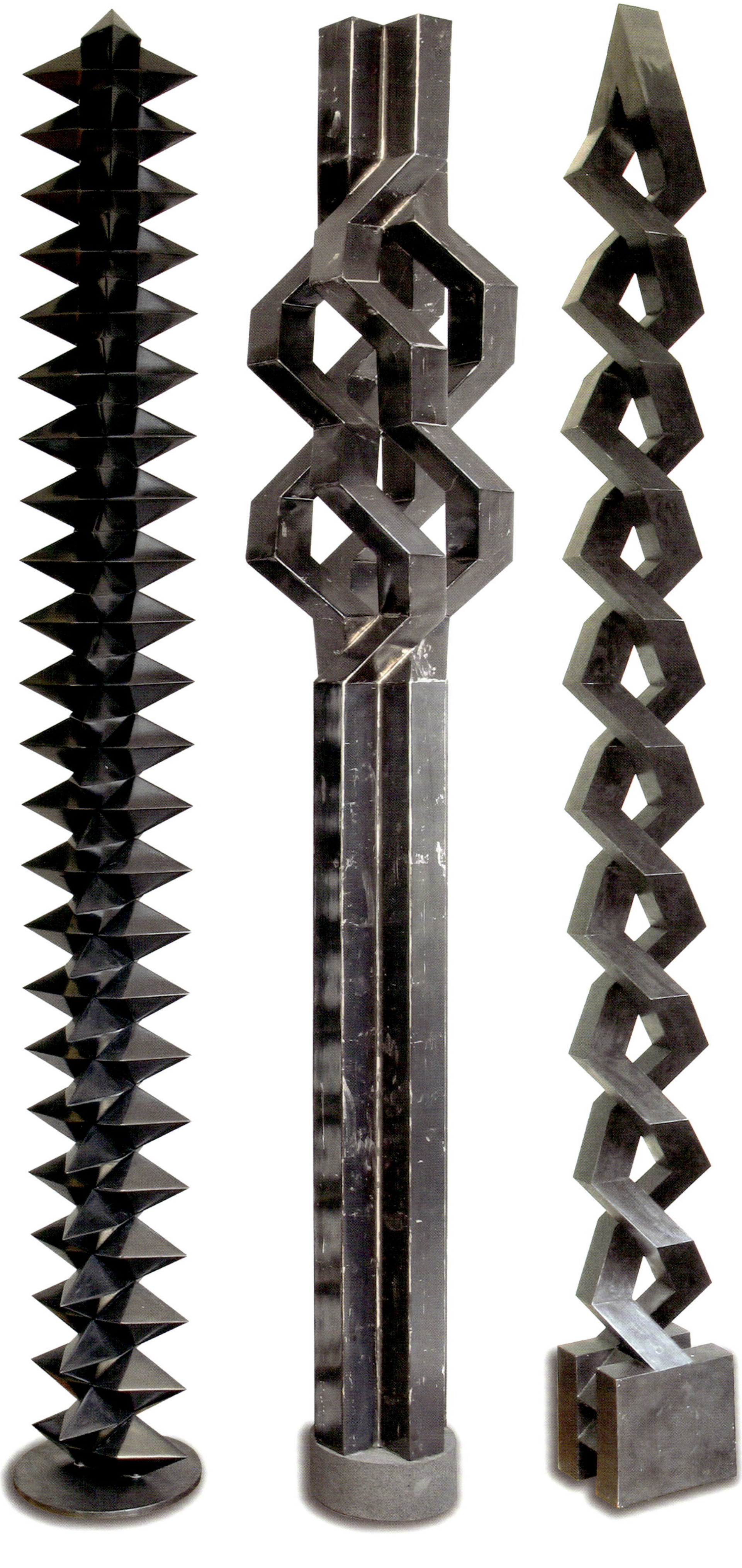

p. 51

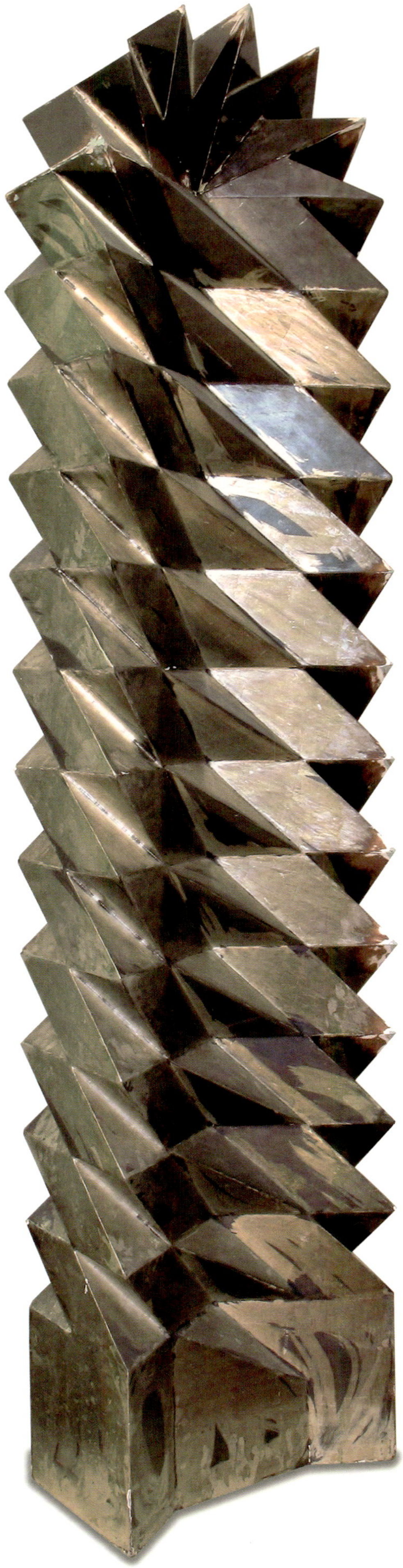

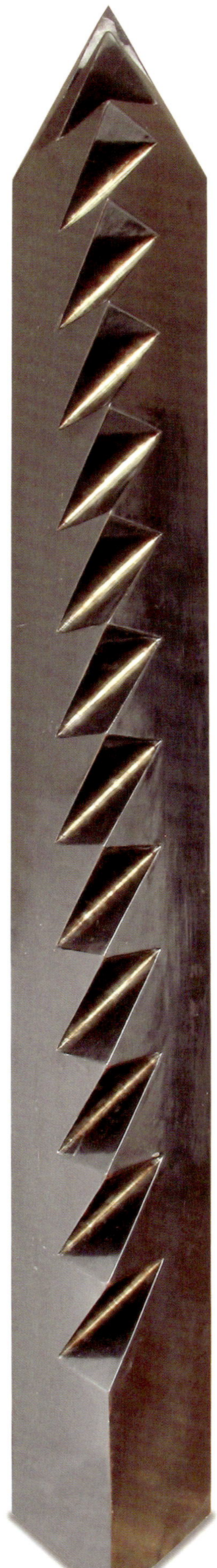

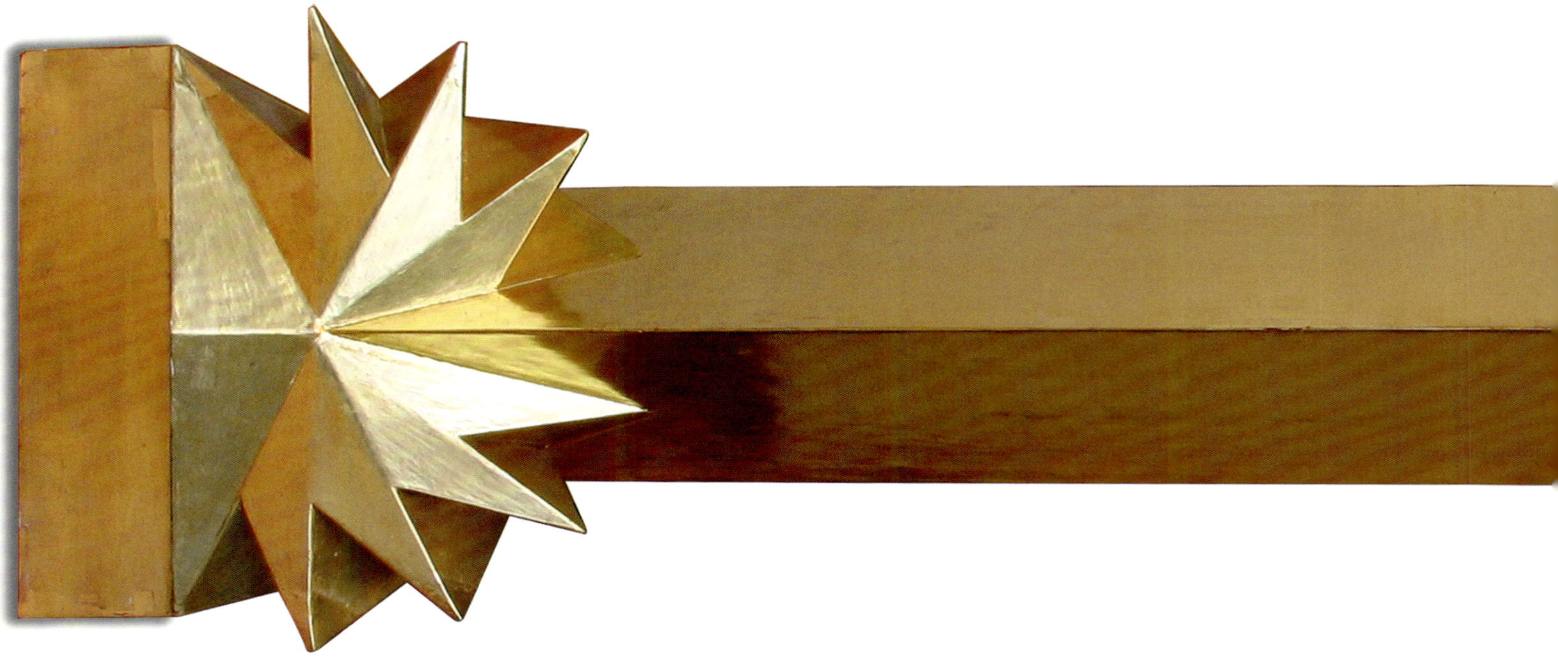

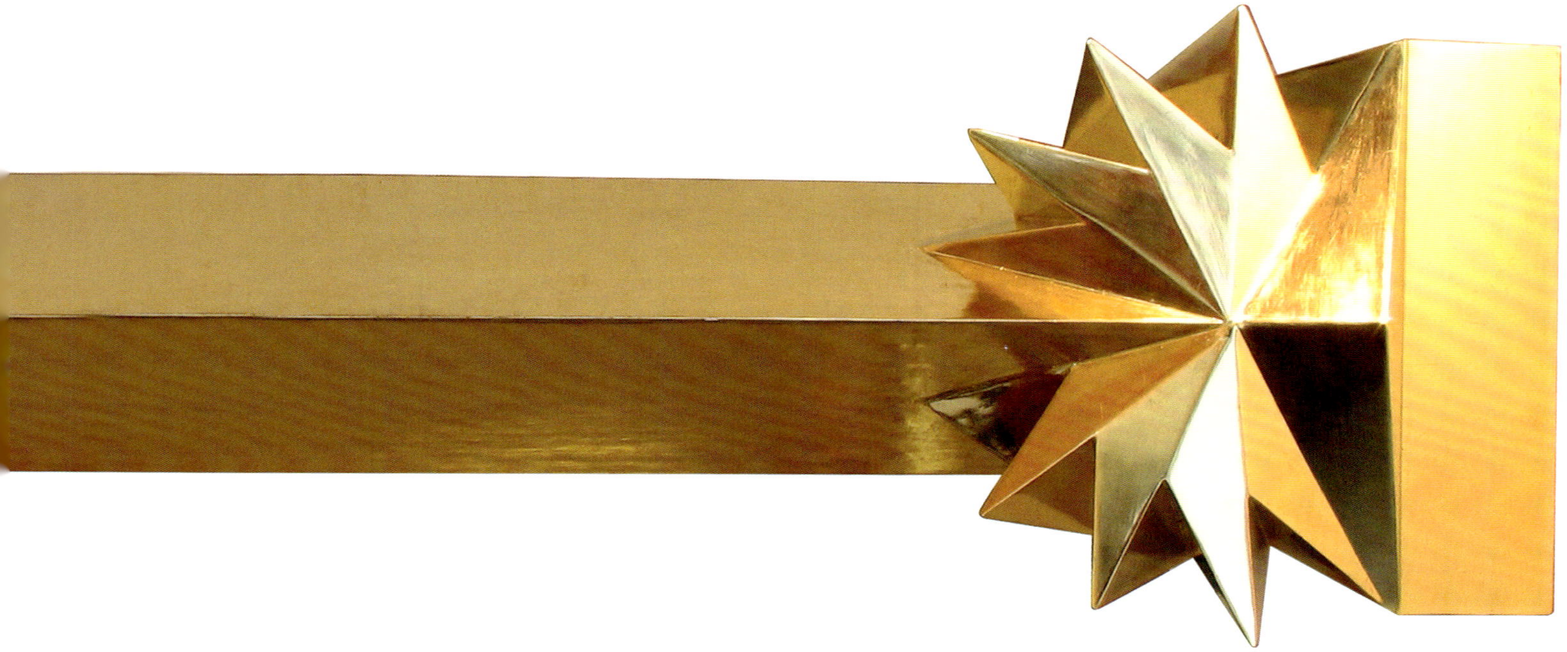

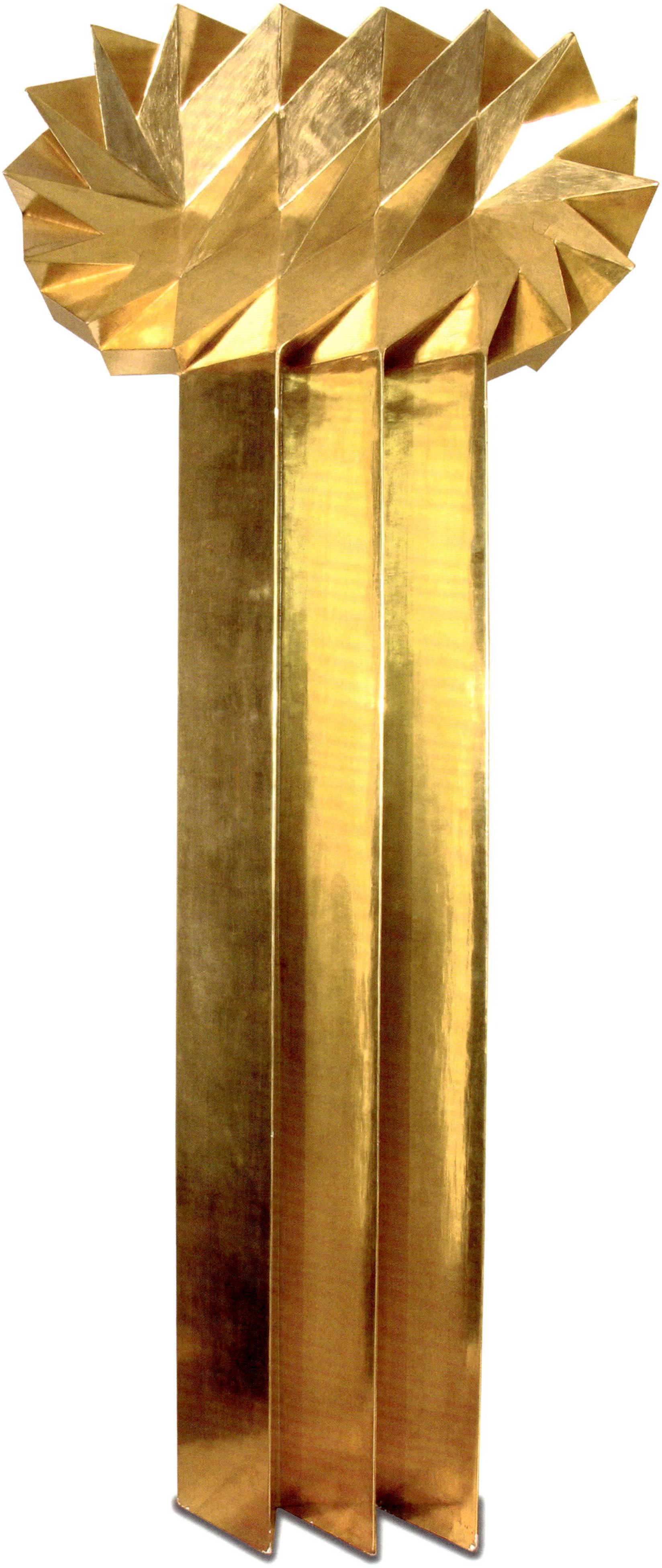

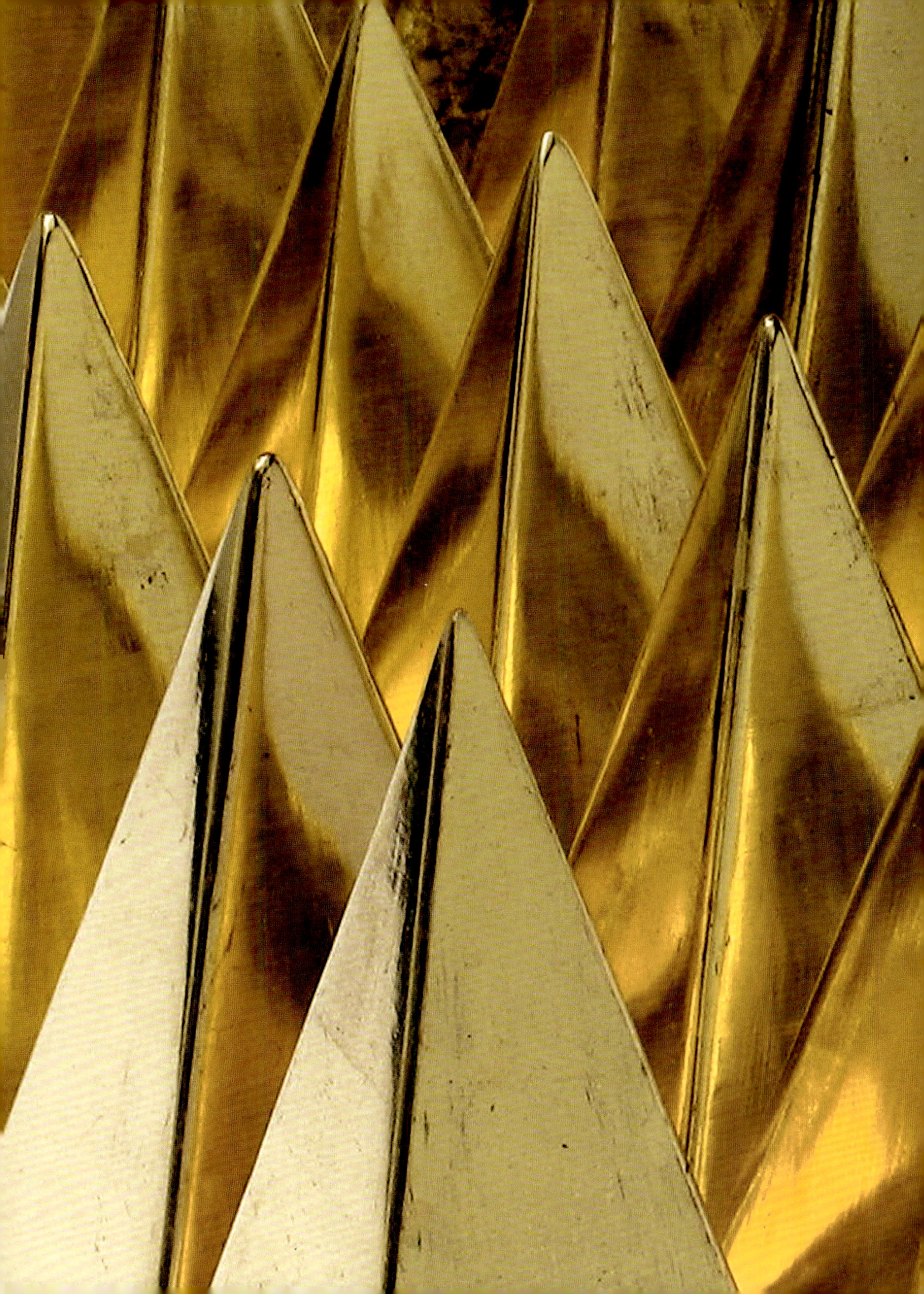

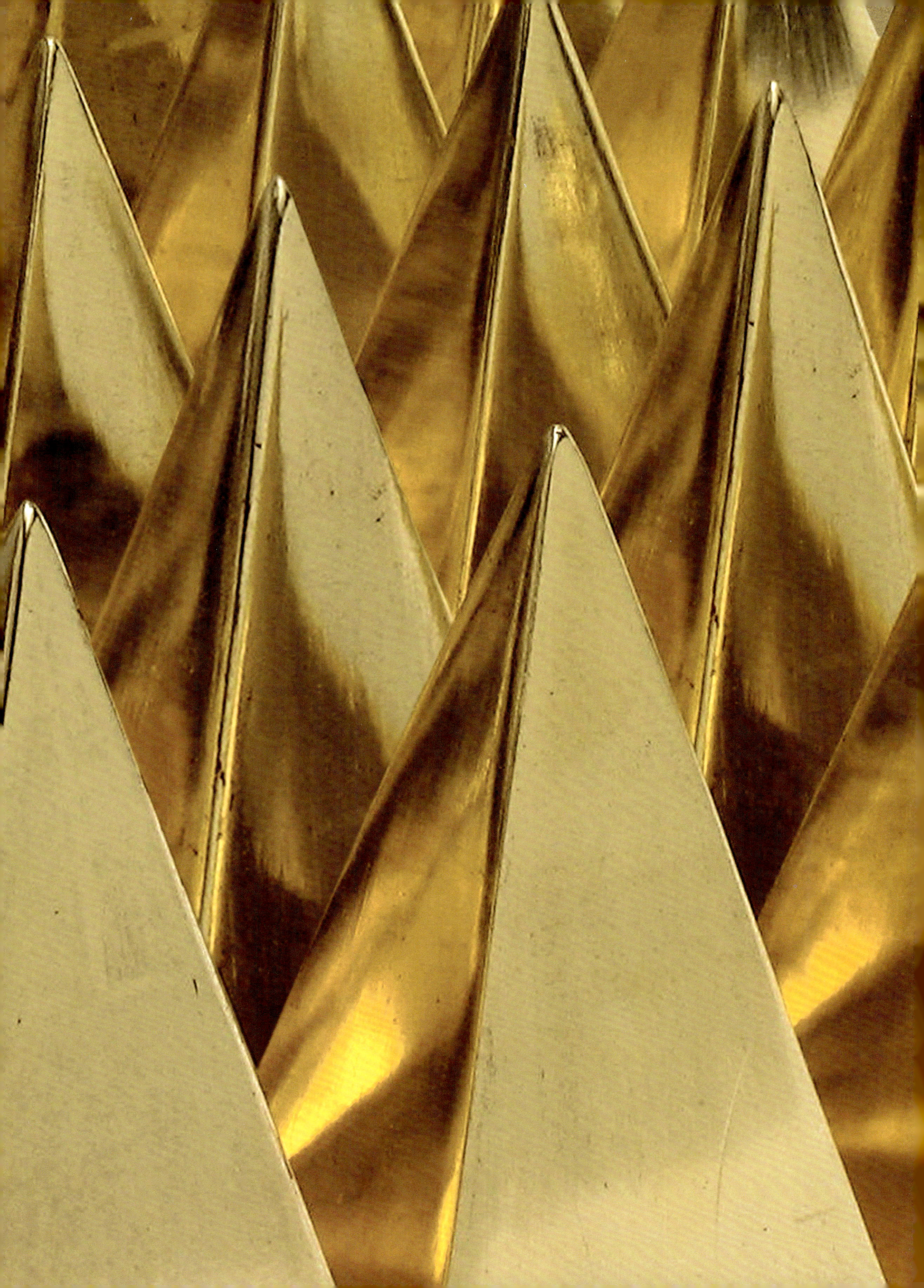

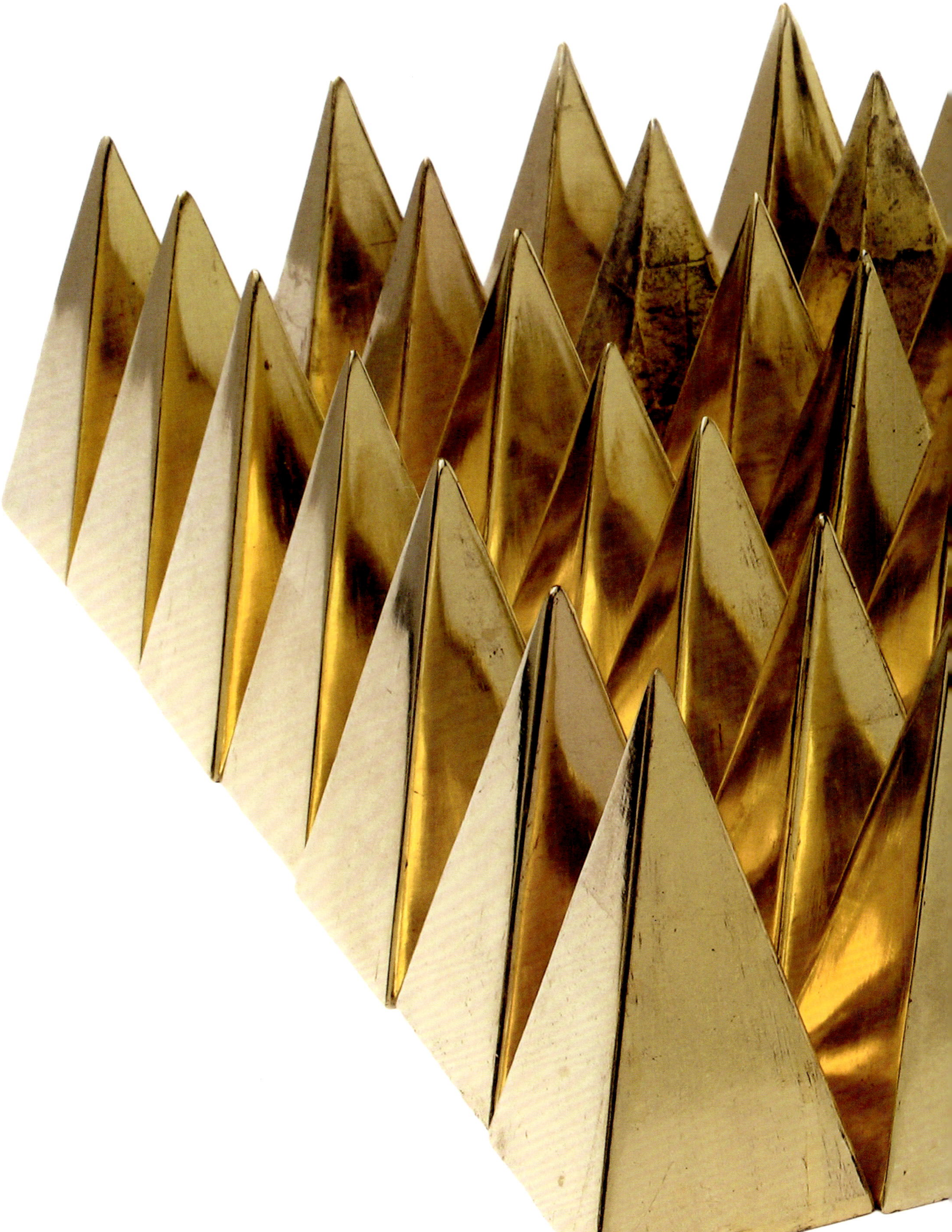

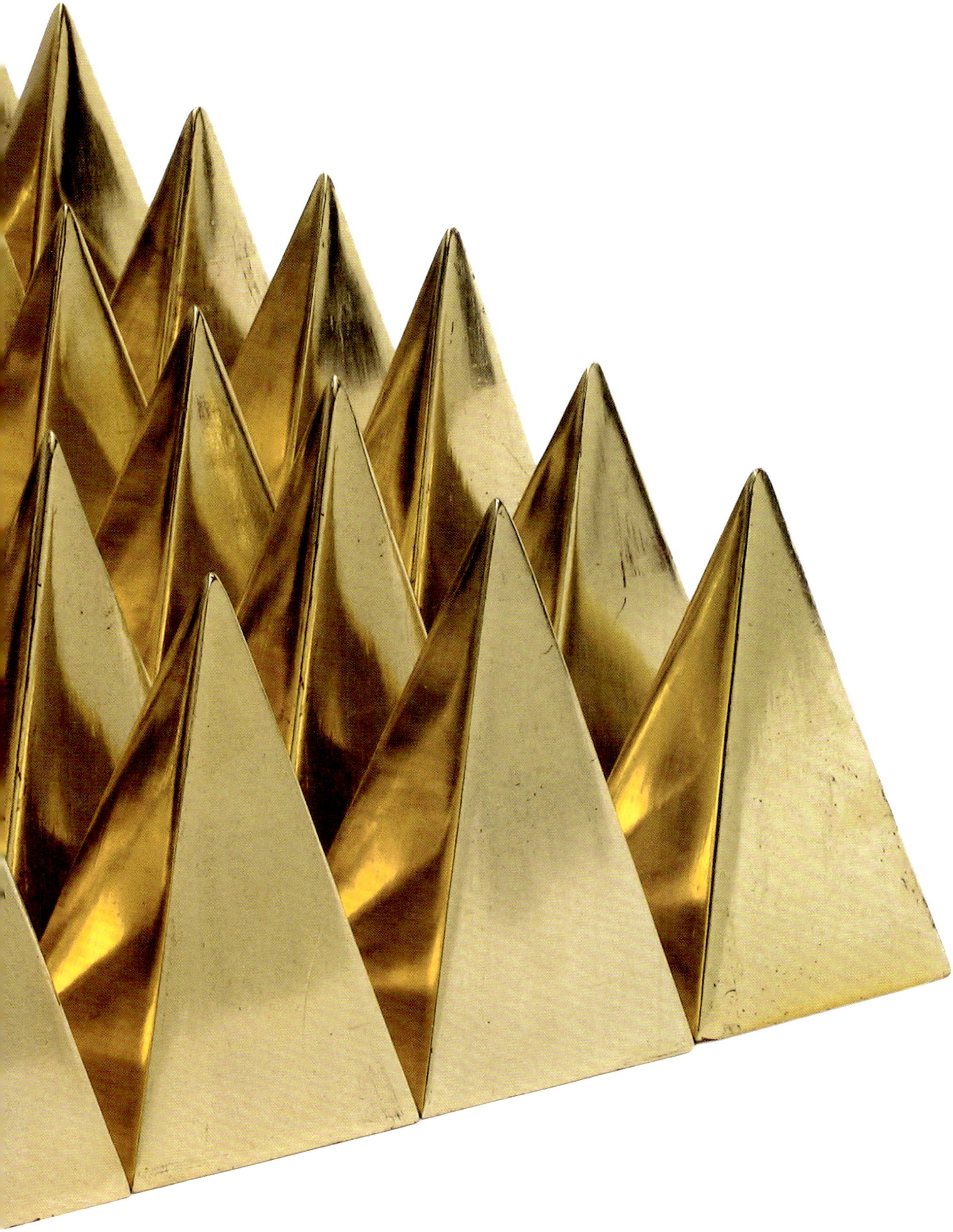

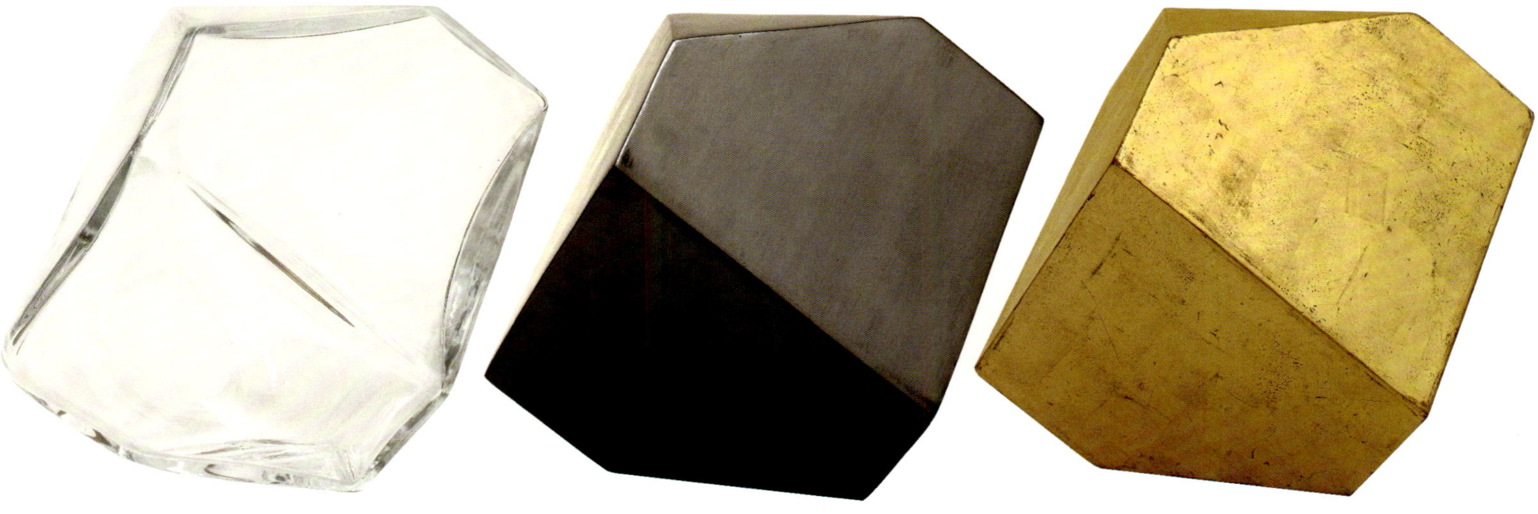

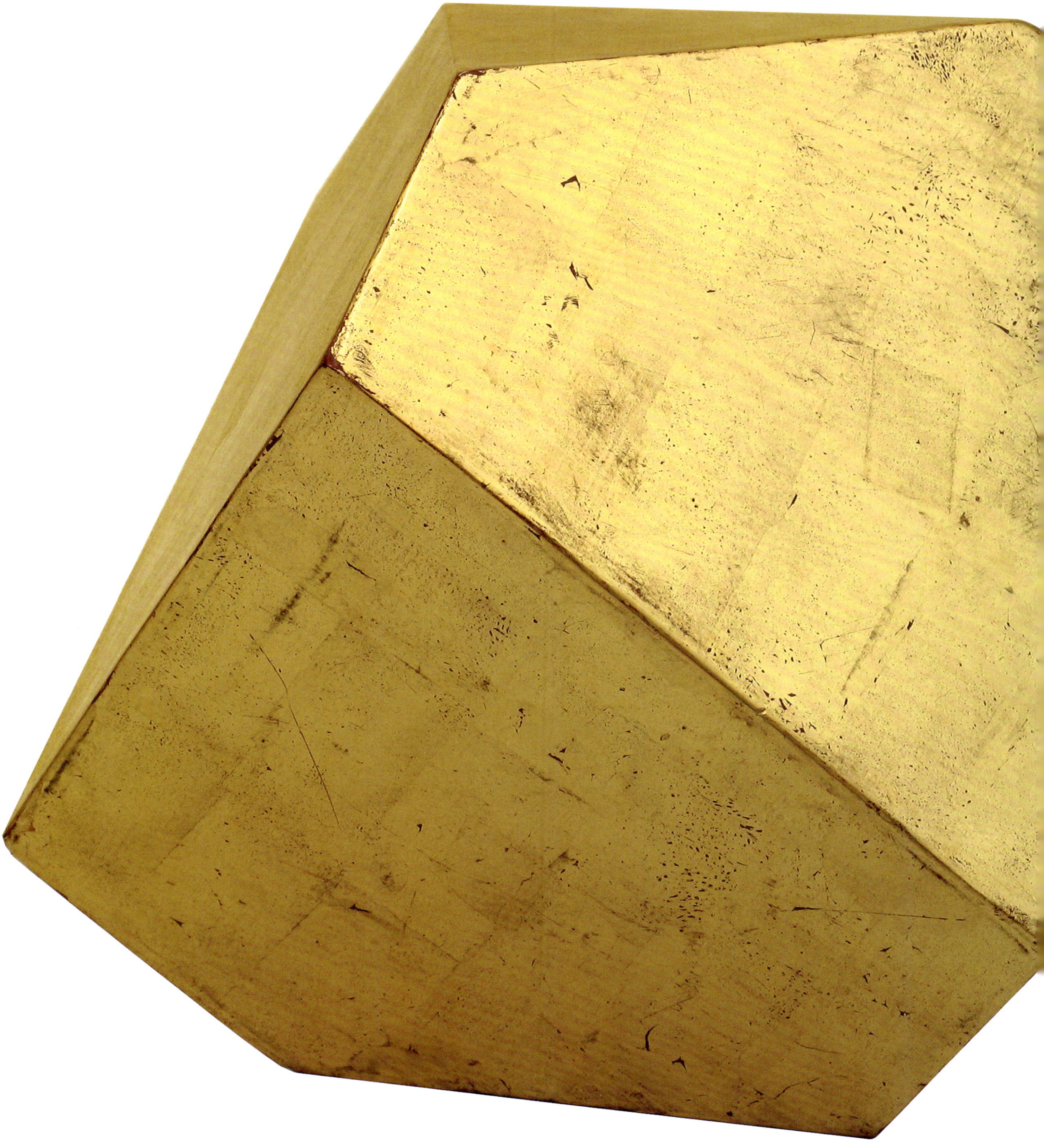

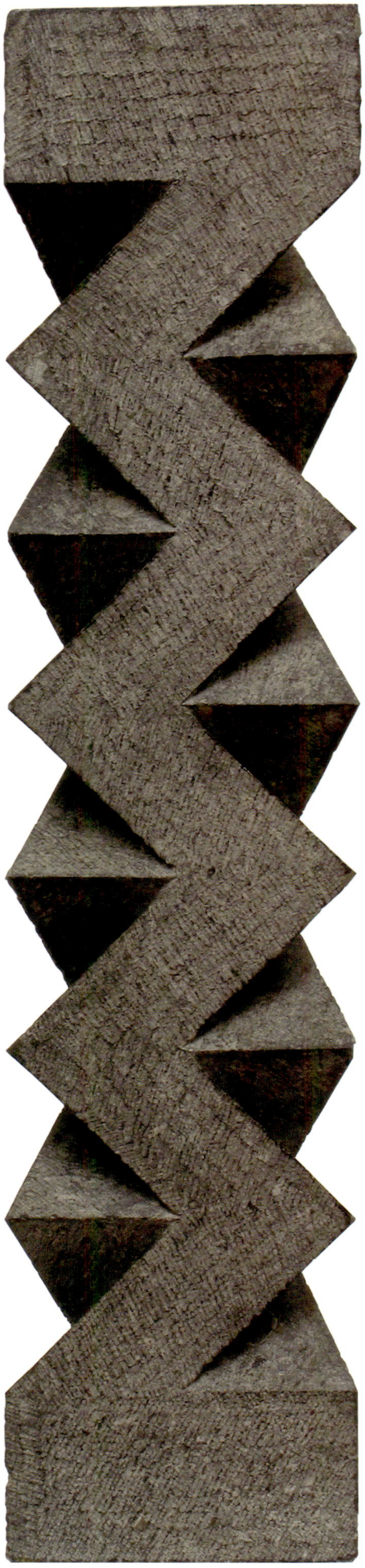

p. 64

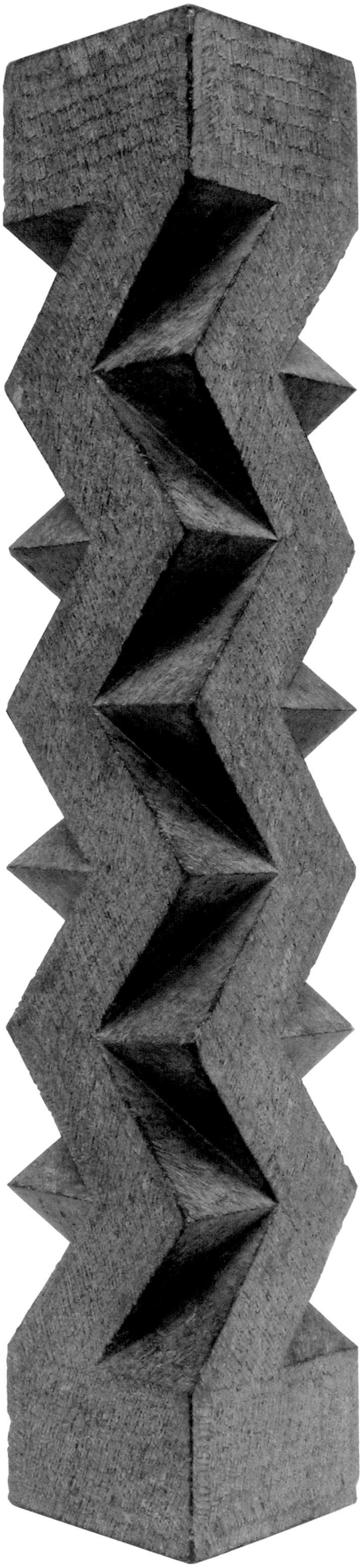

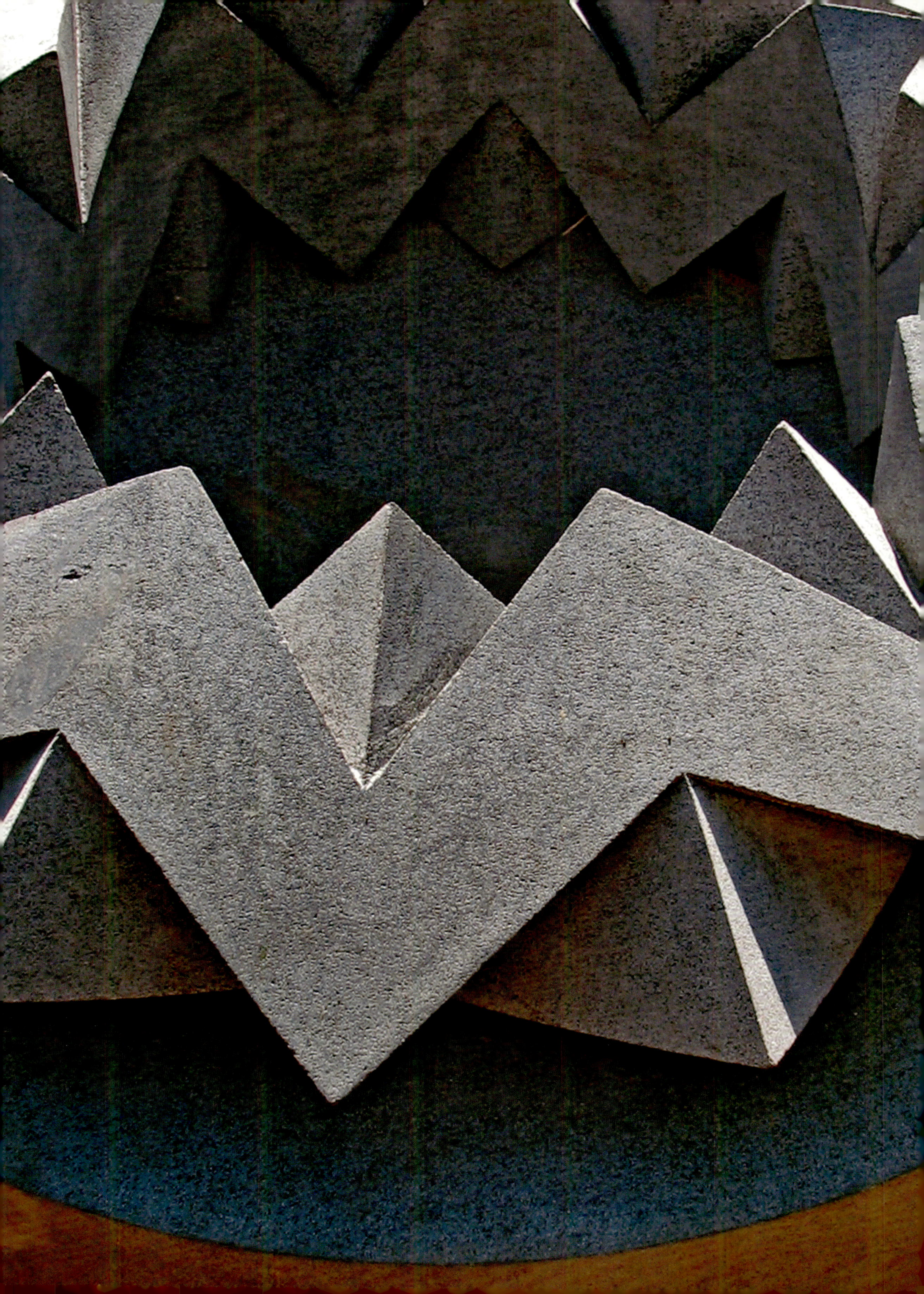

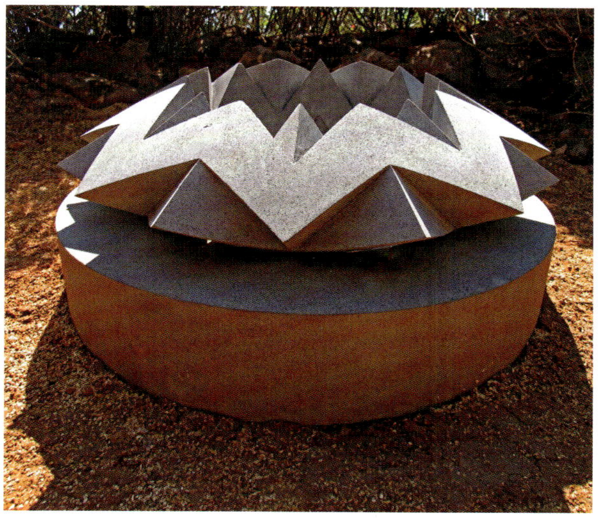

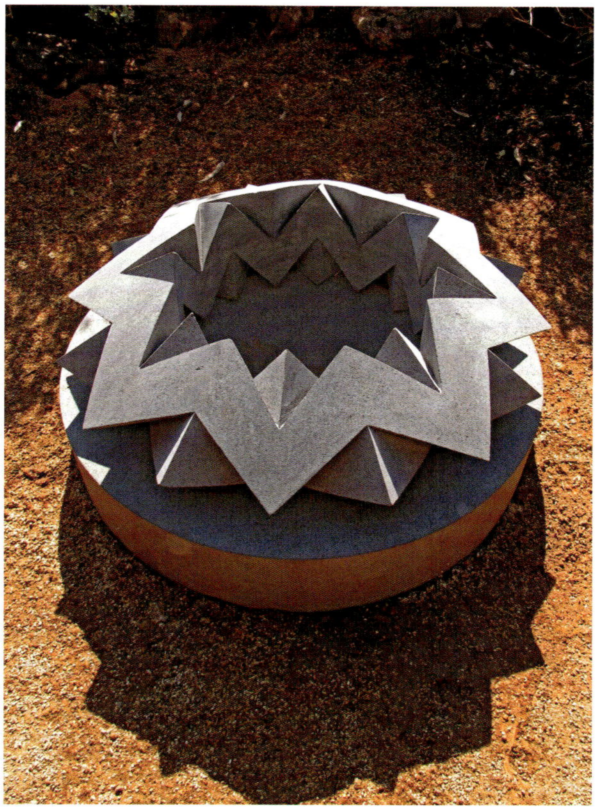

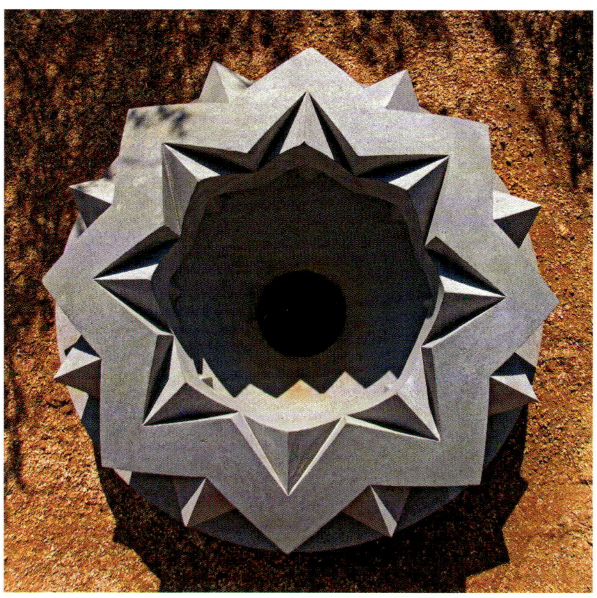

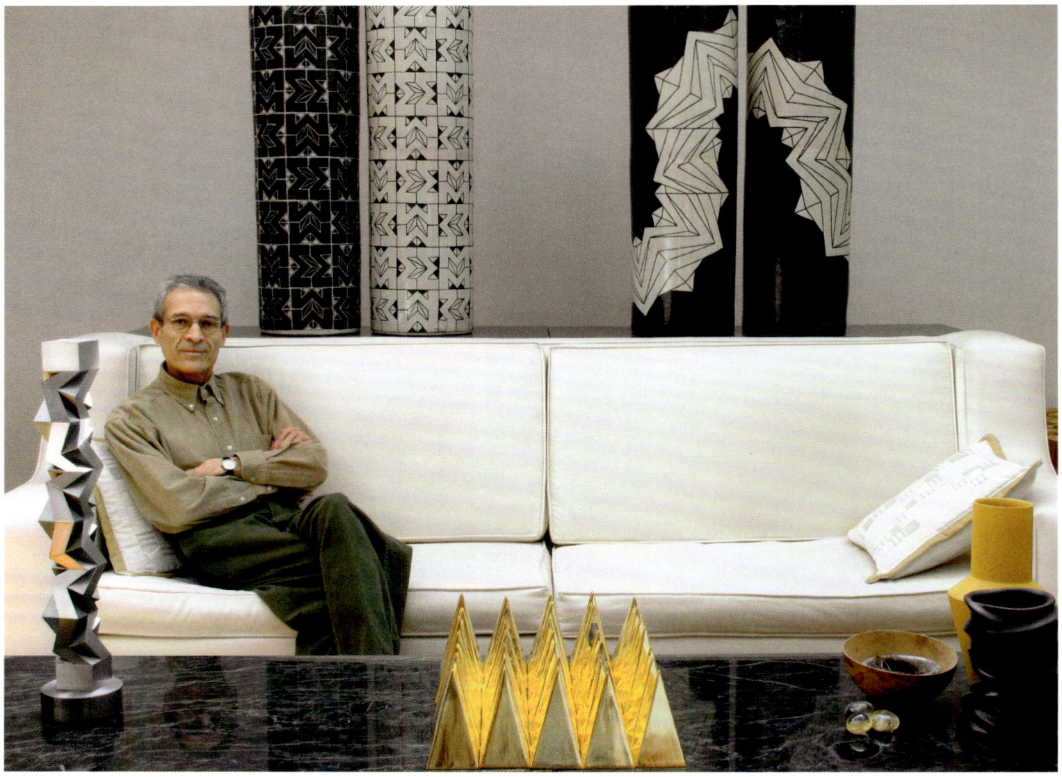

RICARDO REGAZZONI

Mexiko Stadt, 1942

Architekt und Bildhauer

Studien:

Architektur UNAM, Mexiko Stadt, Mexiko

Centre d'Urbanisme Dauphine, Paris, Frankreich

Museum Ausbildung Smithsonian Institution, Washington D.C., USA.

New York University, New York, USA.

Whitney Museum, New York, USA.

Guggenheim Museum, New York, USA.

Ausgewählten Ausstellungen:

Galería Antonio Souza, (Mexiko Stadt, Mexiko, 1967)

Salón Independencia, (Mexiko Stadt, Mexiko, 1968)

Cooper Hewitt Museum, (New York, USA, 1982)

Neuberger Museum, (Purchase, N.Y., USA, 1982)

Postmasters Gallery, (New York, USA, 1982)

Center for Interamerican Relations, (New York, USA, 1983)

Max Protetch Gallery, (New York, USA, 1984)

UCLA, (Los Angeles, USA, 1984)

Museo Rufino Tamayo, (Mexiko Stadt, Mexiko, 1984)

Museo de Monterrey, (Monterrey, Mexiko, 1984)

Van Rooy Galerie, (Amsterdam, Niederland, 1985)

Kunst Rai, (Amsterdam, Niederland, 1985)

Diana Brown Gallery, (New York, USA, 1986)

Galería de Arte Mexicano, (Mexiko Stadt, Mexiko, 1987)

Olympische Spiele Seul, (Seul, Korea, 1988)

Lambert Tegenbosch Galerie, (Niederland, 1990)

Le Centre Culturel du Mexique, (Paris, Frankreich, 1993)

Galería de Arte Mexicano, (Mexiko Stadt, Mexiko, 1996)

"Talavera Contemporánea", (Puebla, Mexiko, 1999)

"México Eterno" Palacio de Bellas Artes, (Mexiko Stadt, Mexiko, 1999)

"7 escultores" Paseo de la Reforma, (Mexiko Stadt, Mexiko, 2000)

"Columnas" Paseo de la Reforma, (Mexiko Stadt, Mexiko, 2001)

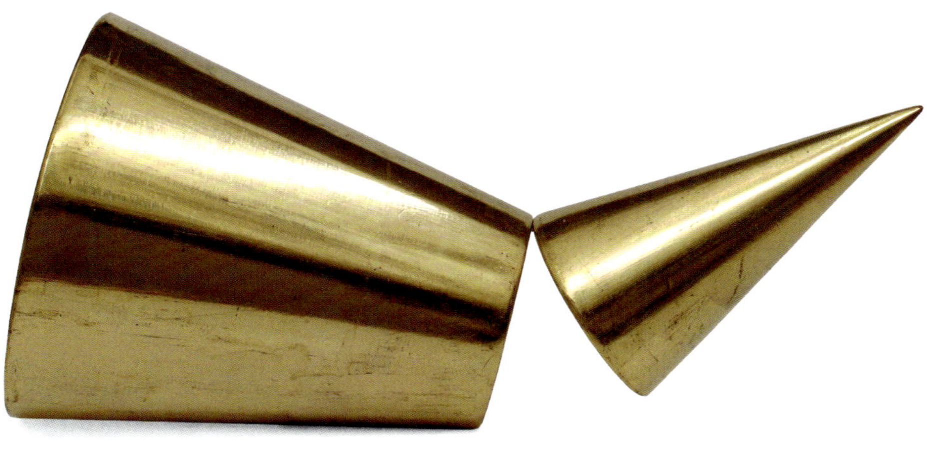

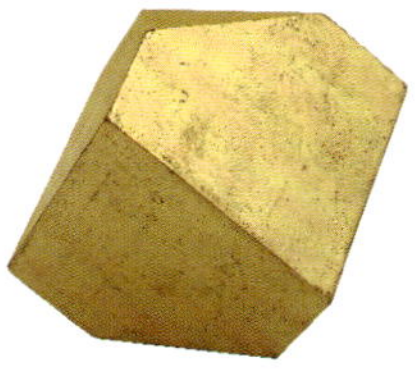

p. 4
Melencolia 2, 1985
Vergoldetes Holz / Madera con oro / Gilded wood
Nahaufnahme / Detalle / Detail

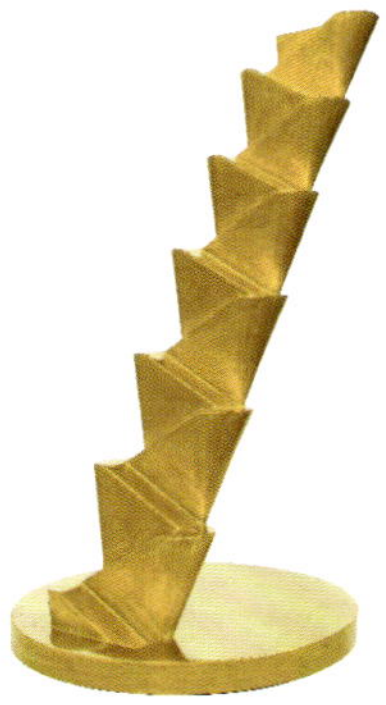

p. 7
Faro 4 , 1993
Bol über Holz / Bol sobre madera / Bol over wood
58 x 30 cm Durchmesser / diámetro / diameter

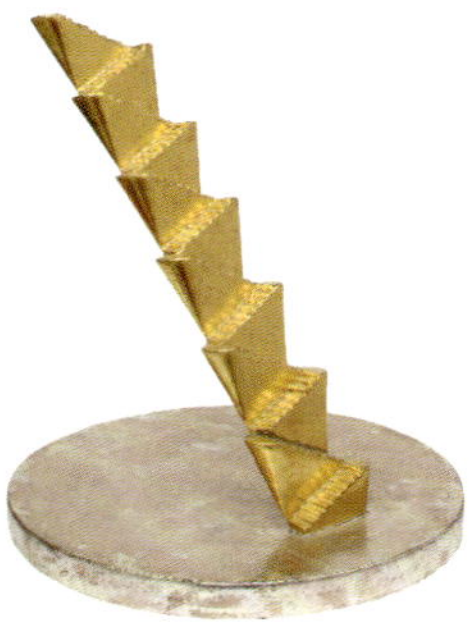

p. 8
Faro 1 , 1993
Vergoldetes Holz / Madera con oro / Gilded wood
33 x 33 cm Durchmesser / diámetro / diameter

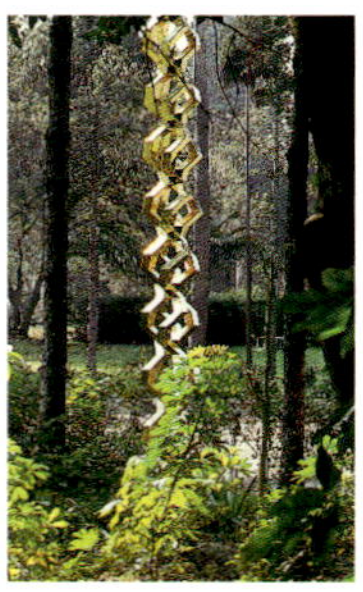

p. 10
Turbulencia, 1999
Vergoldetes Holz / Madera con oro / Gilded wood
Museo de Arte Moderno, Mexiko Stadt

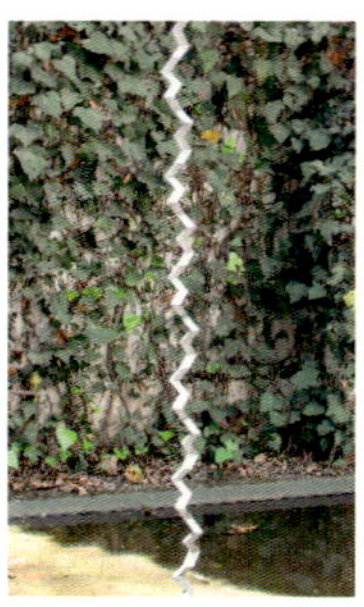

p. 11
Rayo, 2001
Geschmolzenes Aluminium / Aluminio fundido / Casted aluminium
240 cm

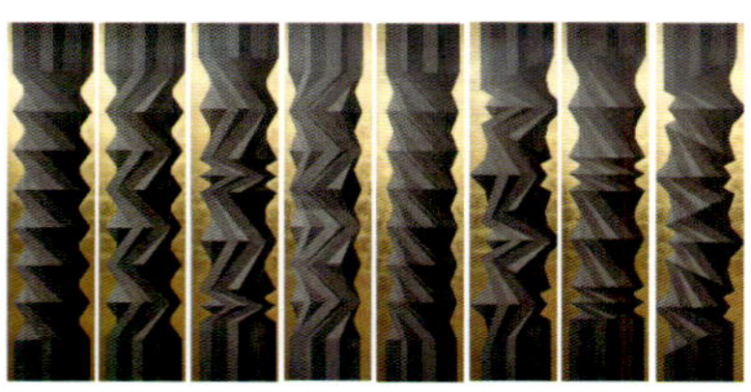

p. 12
Biombo, 1995
Farbe über vergoldetes Holz / Pintura sobre madera dorada / Paint over gilded wood
244 x 488 cm

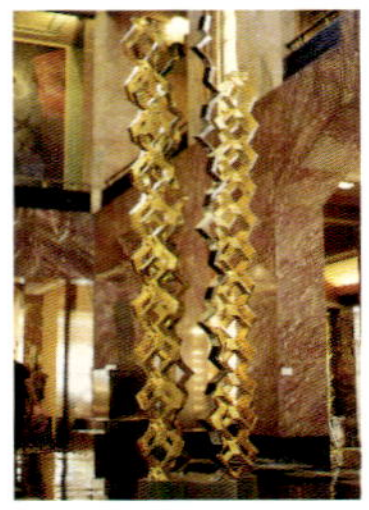

p. 13
Flujo y turbulencia , 1999
Vergoldetes Holz / Madera con oro / Gilded wood
Palacio de Bellas Artes, Mexiko Stadt

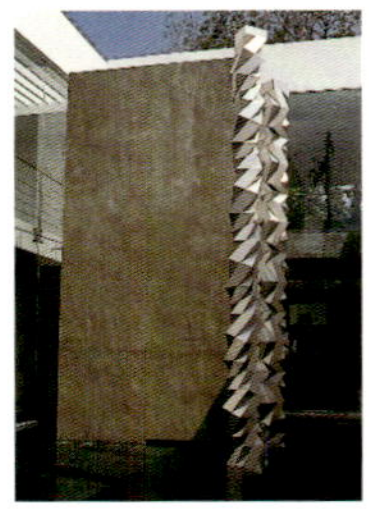

p. 13
2 *Columnas,* 2002
Stahl / Acero / Steel
600 x 40 cm, Durchmesser / diámetro / diameter

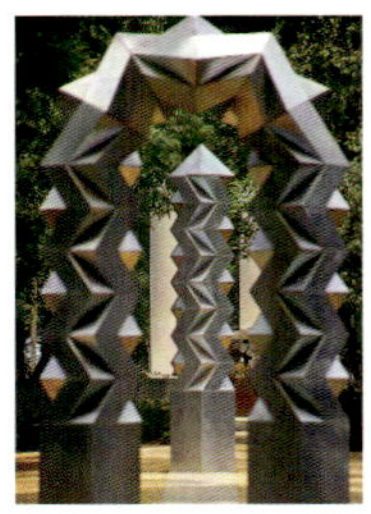

p. 13
Arco y obelisco, 2000
Stahl / Acero / Steel
Paseo de la Reforma, Mexiko Stadt

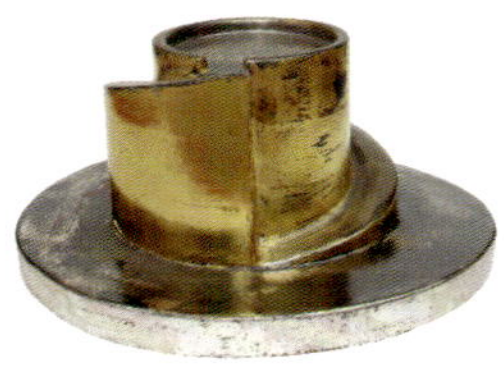

p. 13
Casa, 1995
Vergoldetes Holz / Madera con oro / Gilded wood
14 x 30 cm Durchmesser / diámetro / diameter

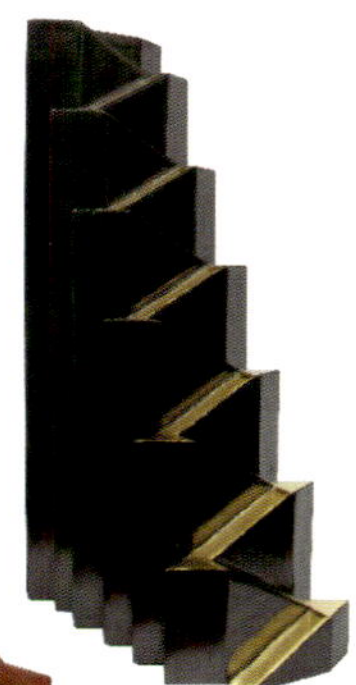

p. 14
Faro 5, 1993
Bol über Holz / Bol sobre madera / Bol over wood
58 x 17 x 36 cm

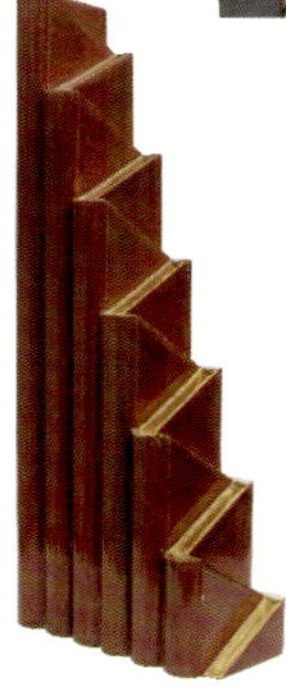

p. 15
Faro 6, 1993
Bol über Holz / Bol sobre madera / Bol over wood
58 x 12 x 24 cm

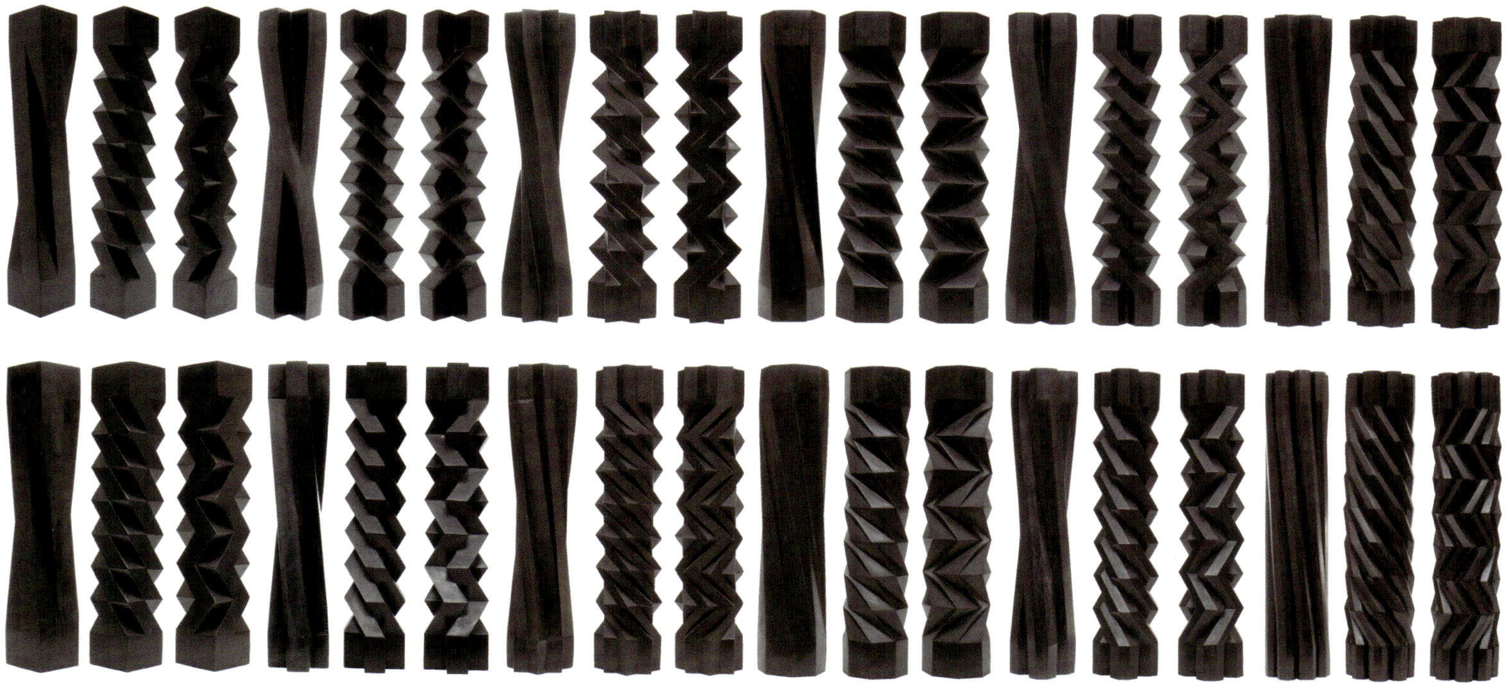

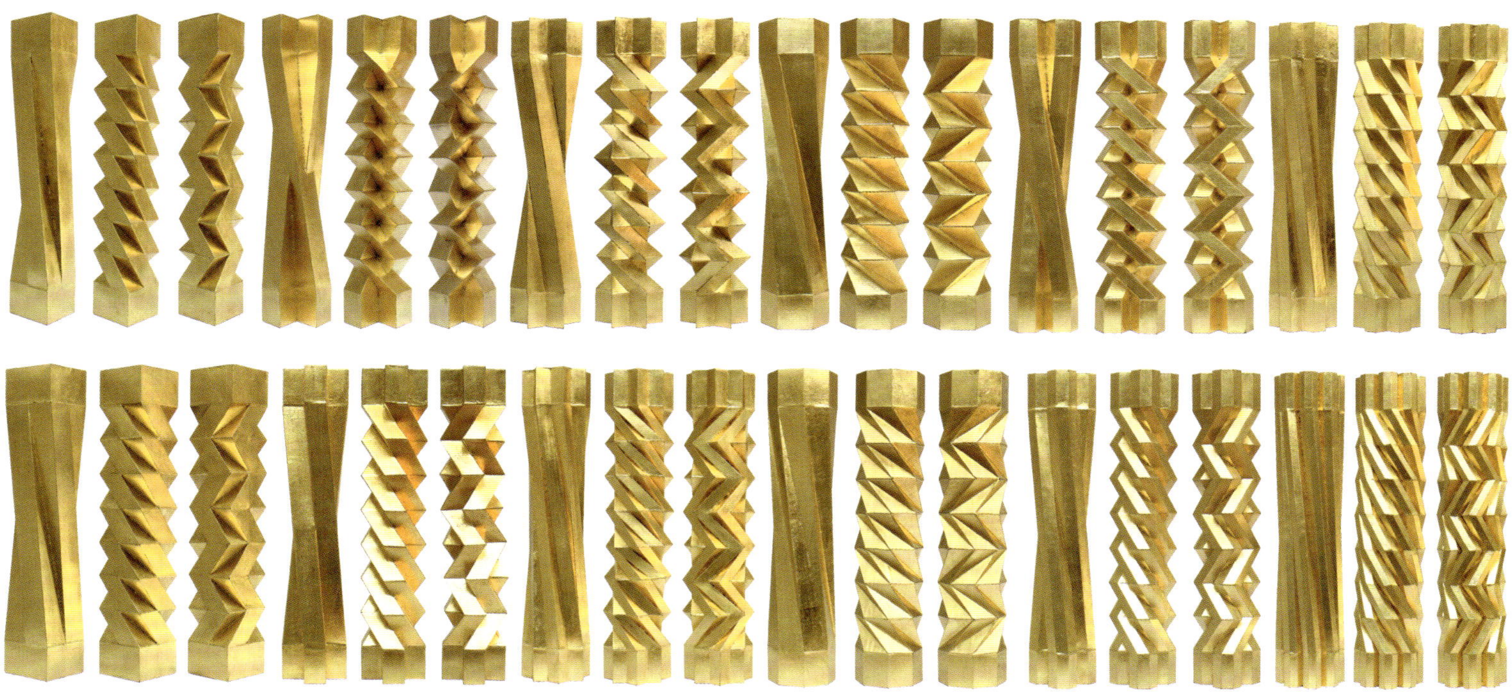

pp. 16-21
Fuga a 3 soggetti, 3/3, 1987
Bronze / Bronce / Bronze
55 x 12 x 12 cm

pp. 29-33
Fuga a 3 soggetti, 1986
Vergoldetes Papier / Papel con oro / Gilded paper
60 x 12 x 12 cm

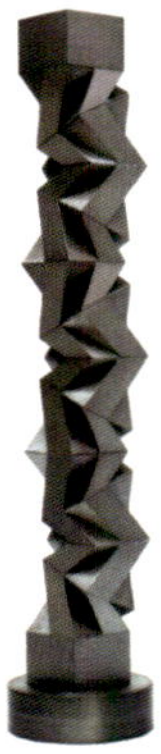

p. 22
Columna, 3/3, 2003
Stahl / Acero / Steel
59 x 12 cm, Durchmesser / diámetro / diameter

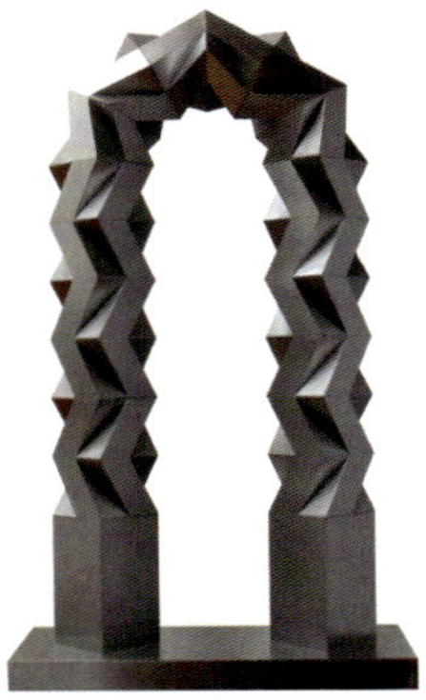

p. 23
Arco, 3/3, 2003
Stahl / Acero / Steel
56 x 31 x 14 cm

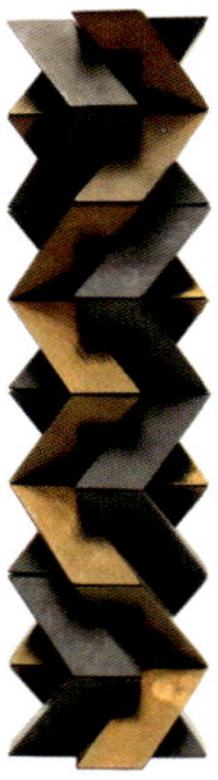

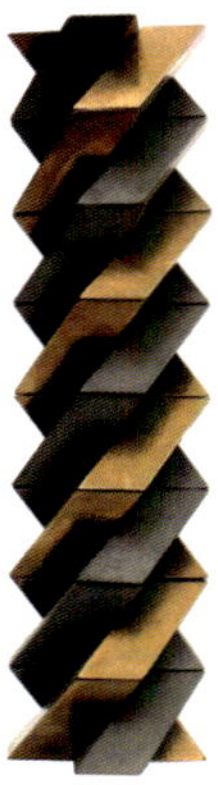

p. 24
Flujo, 1988
Keramik / Cerámica / Ceramics
55 x 14 x 14 cm

p. 25
Turbulencia, 1988
Keramik / Cerámica / Ceramics
55 x 14 x 14 cm

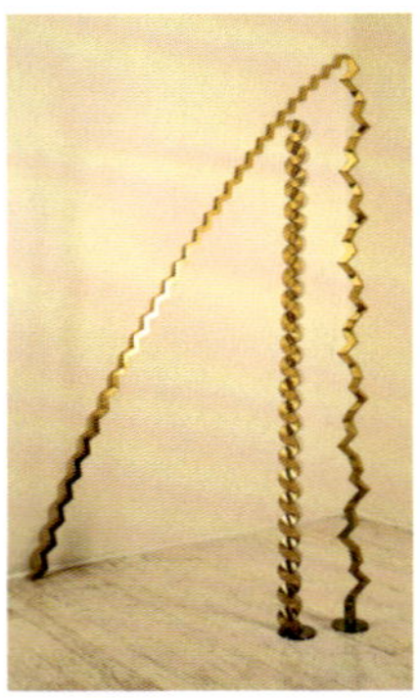

p. 27
Rayos, 1, 2 y 3, 1994
Vergoldetes Holz / Madera con oro / Gilded wood
1.- 250 cm, 2.- 200 cm, 3.- 220 cm

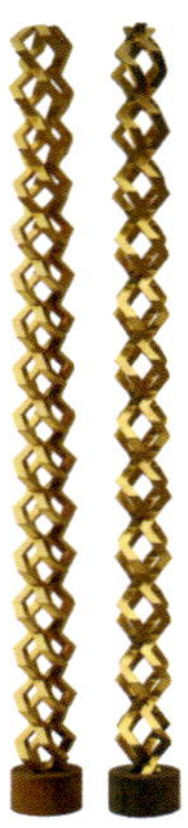

p. 34
Flujo y turbulencia, 1999
Vergoldetes Holz / Madera con oro / Gilded wood
400 x 36 cm Durchmesser / diámetro / diameter

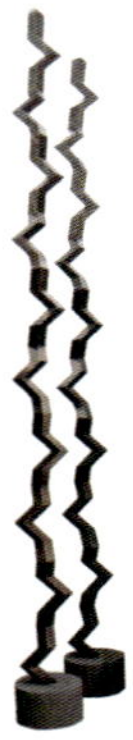

p. 35
2 Rayos, 1999
Versilbertes Holz / Madera con plata / Silvered wood
400 x 36 cm Durchmesser / diámetro / diameter

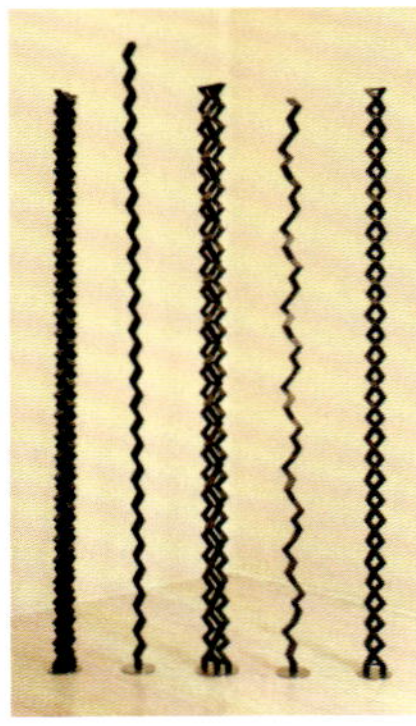

p. 37
5 Rayos, 5/5, 1995
Bronze / Bronce / Bronze
210 x 12 cm Durchmesser / diámetro / diameter

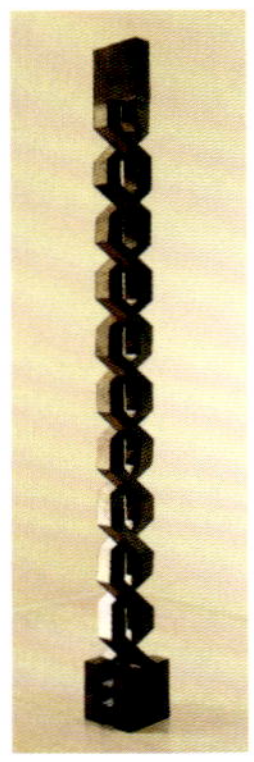

p. 39
Trenza, 1993
Versilbertes Holz / Madera con plata / Silvered wood
240 x 21 x 21 cm

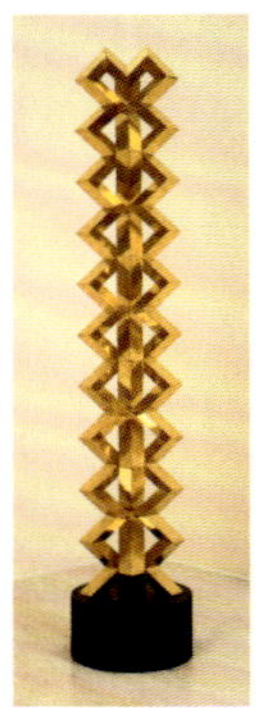

p. 41
Guido, 1993
Vergoldetes Holz / Madera con oro / Gilded wood
230 x 40 cm, Durchmesser / diámetro / diameter

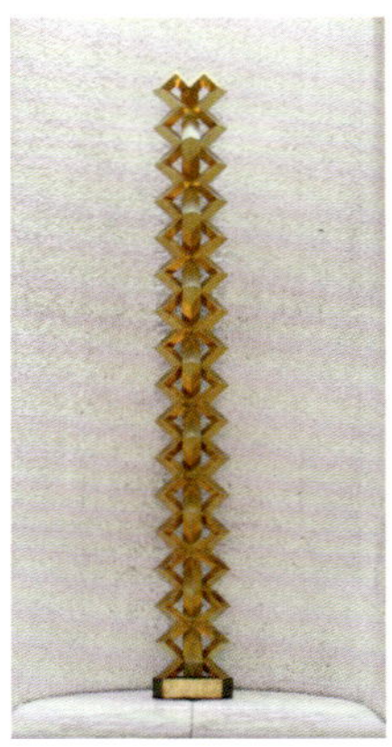

p. 42
Super Guido, 1997
Vergoldetes Holz / Madera con oro / Gilded wood
600 x 75 x 19 cm

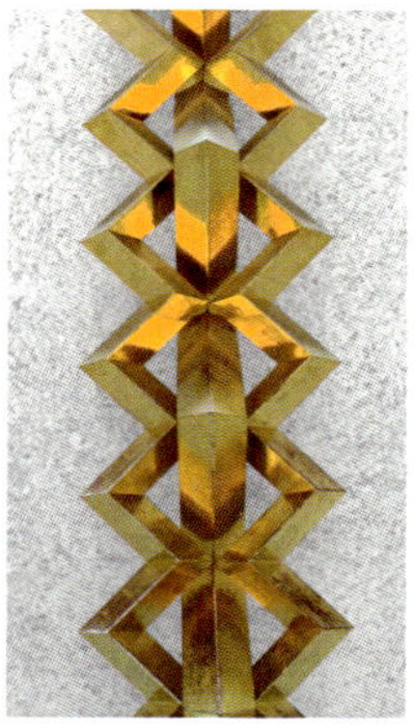

p. 43
Super Guido, 1997
Vergoldetes Holz / Madera con oro / Gilded wood
600 x 75 x 19 cm
Nahaufnahme / Detalle / Detail

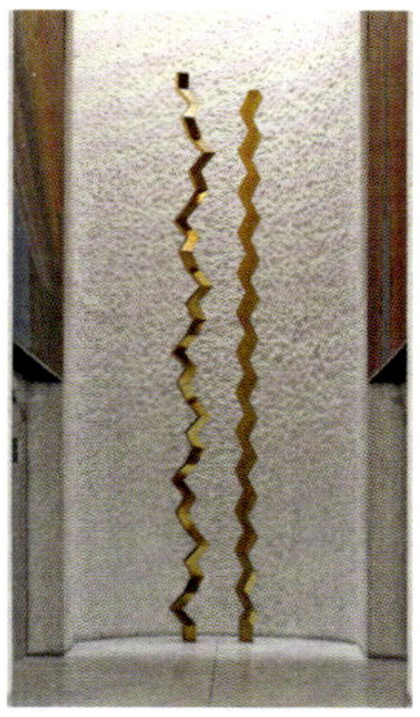

p. 44
2 Rayos, 1997
Vergoldetes Holz / Madera con oro / Gilded wood
600 x 48 x 48 cm, 590 x 24 x 12 cm

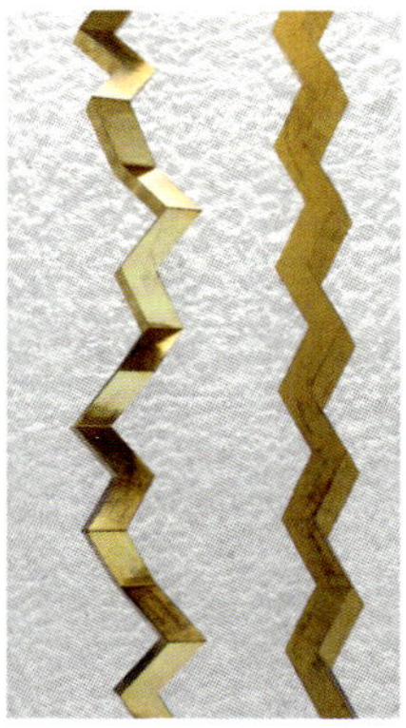

p. 45
2 Rayos, 1997
Vergoldetes Holz / Madera con oro / Gilded wood
600 x 48 x 48 cm, 590 x 24 x 12 cm
Nahaufnahme / Detalle / Detail

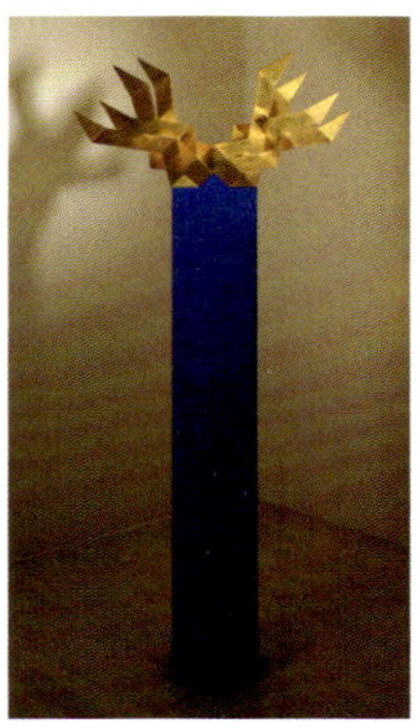

p. 46
Árbol de vida, 1993
Vergoldetes Holz / Madera con oro / Gilded wood
230 x 100 x 40 cm

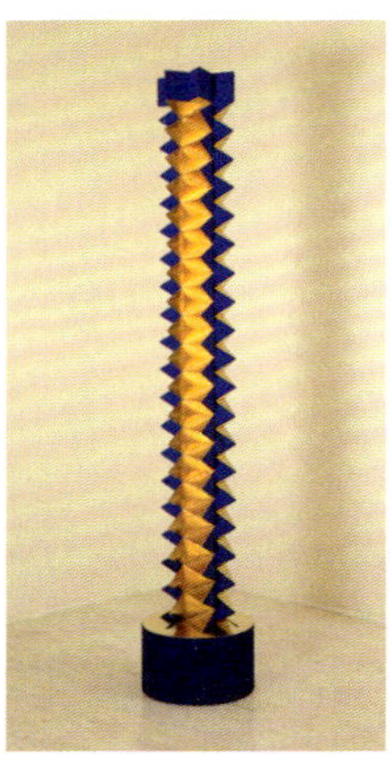

p. 47
Estípite 1, 1993
Farbe über vergoldetes Holz / Pintura sobre madera dorada / Paint over gilded wood
210 x 36 cm Durchmesser / diámetro / diameter

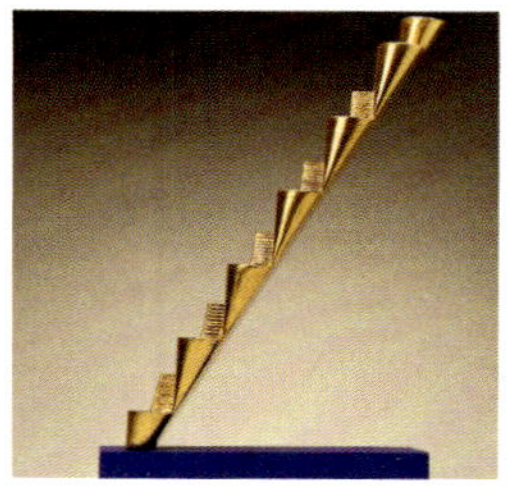

p. 48
Faro 2, 1993
Vergoldetes Holz / Madera con oro / Gilded wood
66 x 14 x 42 cm

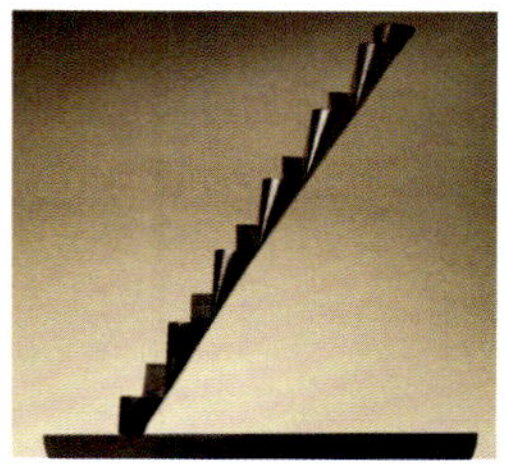

p. 49
Faro 3, 1993
Bol über Holz / Bol sobre madera / Bol over wood
66 x 66 cm Durchmesser / diámetro / diameter

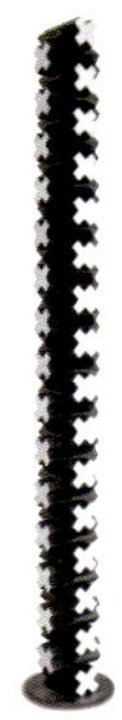

p. 50
Estípite 3, 2004
Bol über Holz / Bol sobre madera / Bol over wood
230 x 20 x 20 cm

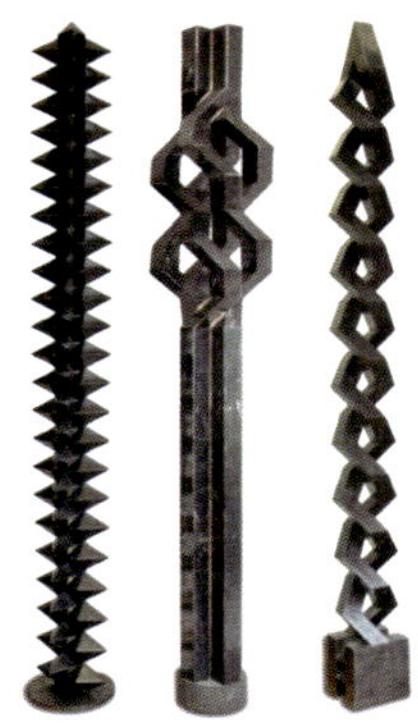

p. 51
Estípites 4, 5 y 2
4.- 2004 / 230 x 30 x 30 cm
Bol über Holz / Bol sobre madera / Bol over wood
5.- 1999 / 230 x 40 x 40 cm
Versilbertes Holz / Madera con plata / Silvered wood
2.- 1993 / 230 x 30 x 30 cm
Bol über Holz / Bol sobre madera / Bol over wood

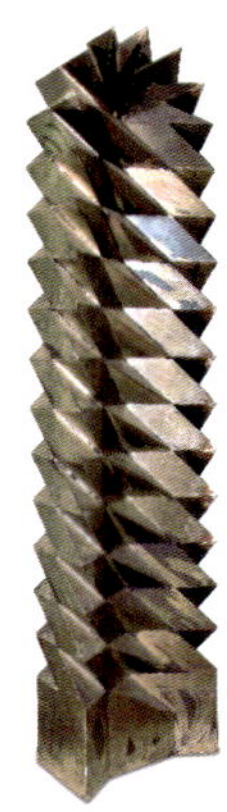

p. 52
Palma 1, 1987
Versilbertes Holz / Madera con plata / Silvered wood
240 x 52 x 30 cm

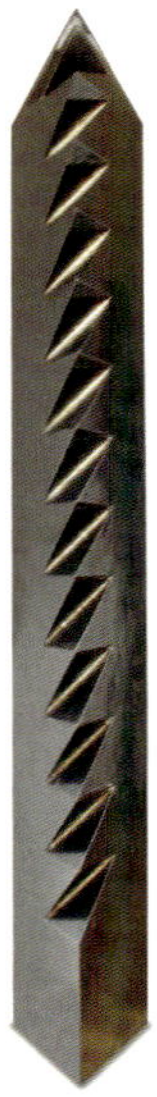

p. 53
Plama 2, 1987
Versilbertes Holz / Madera con plata /
Silvered wood
240 x 52 x 30 cm

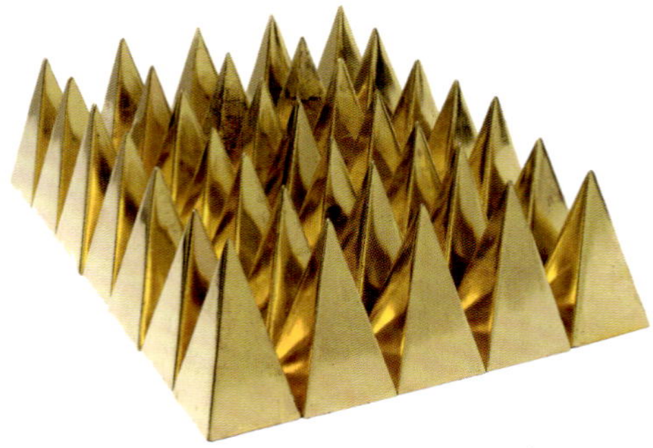

pp. 59-61
Pináculo, 1999
Vergoldetes Holz / Madera con oro /
Gilded wood
14 x 7 x 7 cm

pp. 54-55
Trayecto, 2004
Vergoldetes Holz / Madera con oro /
Gilded wood
52 x 52 x 240 cm

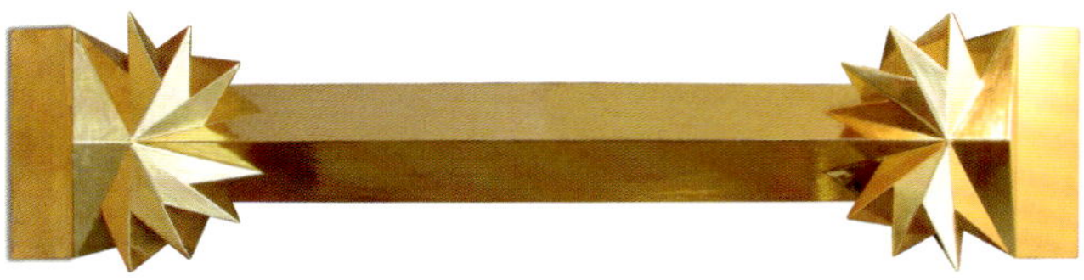

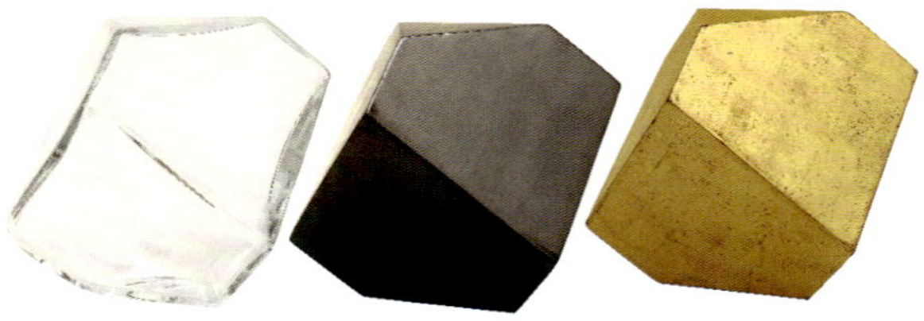

p. 62
Melencolia 4, 2005
Glas / Vidrio / Glass
Melencolia 3, 1995
Bol über Holz / Bol sobre madera / Bol
over wood
Melencolia 2, 1985
Vergoldetes Holz / Madera con oro /
Gilded wood
30 x 30 x 30 cm

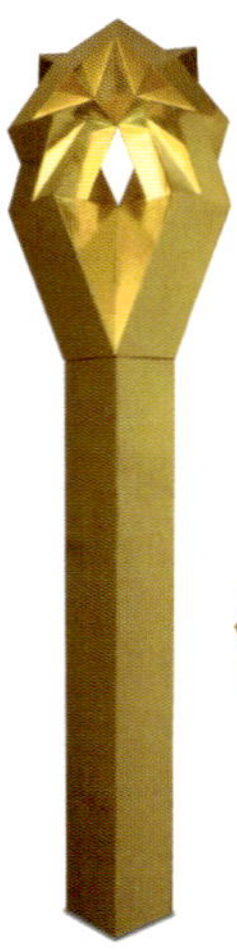

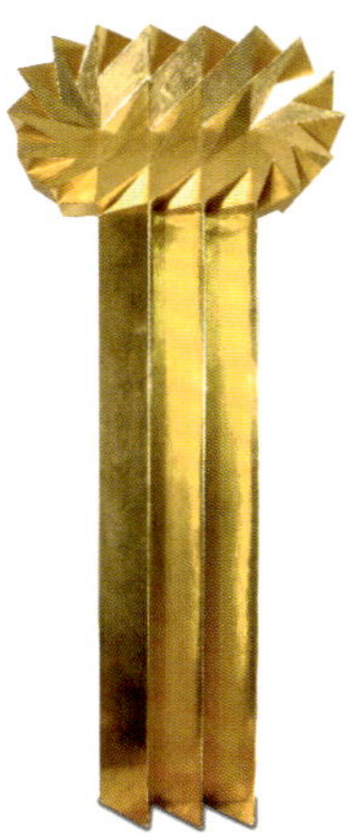

p. 56
Yugo, 1987
Vergoldetes Holz / Madera con oro /
Gilded wood
260 x 60 x 30 cm

p. 57
Hacha, 1987
Vergoldetes Holz / Madera con oro /
Gilded wood
250 x 96 x 30 cm

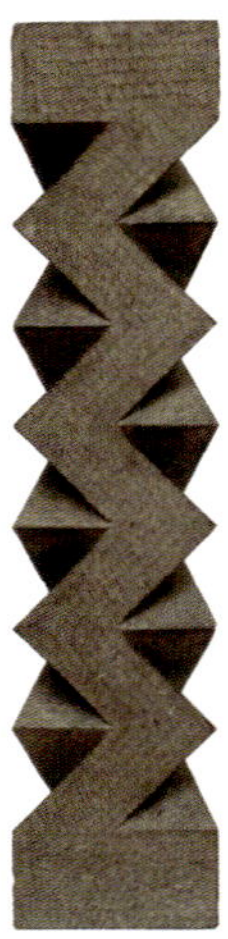

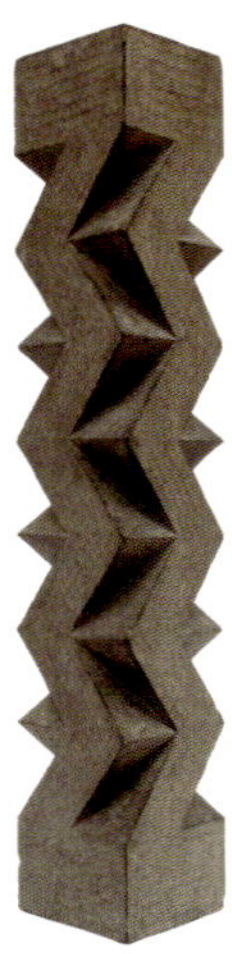

p. 64
Columna, 1990
Stein / Piedra / Stone
54 x 12 x 10 cm

p. 65
Columna, 1990
Stein / Piedra / Stone
54 x 12 x 10 cm

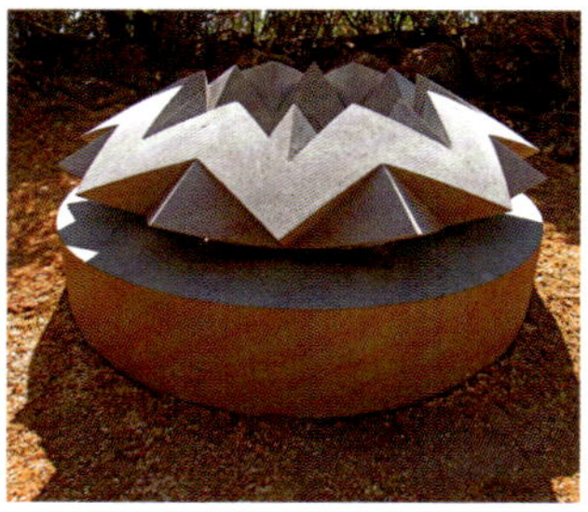

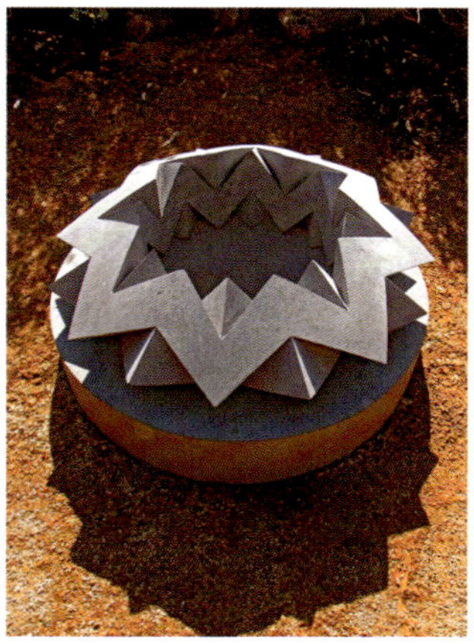

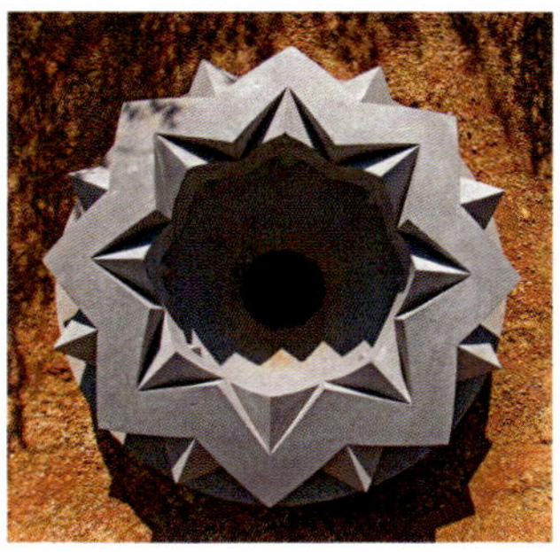

pp. 66-67
Cuenco, 2003
Stein / Piedra / Stone
70 x 70 cm, Durchmesser / diámetro / diameter

Photopraphie / Fotografía / Photograph

JORGE PABLO DE AGUINACO
pp: 27, 37, 39, 41, 46, 47, 48, 49, 64, 65.
LOURDES ALMEIDA
pp: 4, 7, 8, 11, 13d, 14, 15, 16, 17, 18, 19, 20, 21, 22, 23, 24, 25, 28, 29, 30, 31, 32, 33, 35 42, 43, 44, 45, 50, 51, 52, 53, 54, 55, 56, 57, 58, 59, 60, 61, 62, 63, 66, 67, 68, 69.
PEDRO HIRIART
p: 13 b.
BRIAN NISSEN
p: 12.
RICARDO NORIEGA
p: 13 a, 13 c.
VICENTE ROJO CAMA
p: 34.
FULVIO TESTA
p: 10.

Dank / Gracias / Thanks
ROSA EN FRANK NEUBAUER
KAREN SÁNCHEZ DAHL

Text / Texto / Text
OMAR AKBAR *Direktor Bauhaus Dessau*
Traducción: MICHEL VETTER

Text / Texto / Text
HUMBERTO RICALDE *Architekt*
Übersetzung: VERONICA BEUCKER
Translation: NORMAN GLASS

Graphik Design / Diseño editorial / Editorial Design
RICARDO SALAS & FRONTESPIZIO

Herausgeber / Coedición / Coedition
CONACULTA - TURNER

ISBN: 84-7506-721-2
D.L. M. 16.342-2005

Impreso en España.
Printed in Spain.

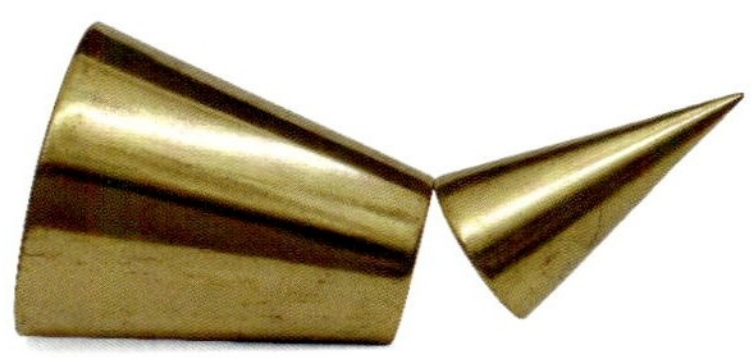

RICARDO REGAZZONI se terminó de imprimir en el mes de abril del 2005 en los talleres de Artes Gráficas Palermo en Madrid, España. En su composición tipográfica se utilizaron tipos de las familias Garamond y Futura en 8.3, 9, 10.5, 18 y 45 puntos. Se imprimió en papel couché de 150 gramos. Espiral estuvo a cargo de la elaboración de la selección de color. El cuidado de la edición y la supervisión estuvieron a cargo de Ricardo Regazzoni y Ricardo Salas & Frontespizio. El tiraje fue de 2000 ejemplares.

Ricardo Regazzoni was printed in April 2005 in Artes Gráficas Palermo in Madrid, Spain. The text was set in 8.3, 9, 10.5, 18 and 45 point typefaces of the Garamond and Futura families. It has been printed on 150-gram couché paper. Espiral oversaw the color selection. The care and supervision of the publication were the responsibility of Ricardo Regazzoni and Ricardo Salas & Frontespizio. The print run consisted of 2000 copies.